KB165232

일본군 '위안부' 문제
일본 여대생들은 어떻게 공부하고 느꼈는가

코오베여학원대학〔神戶女學院大學〕

이시카와 야스히로〔石川康宏〕 엮음

함께 만든 사람들: 오오니시 도모꼬〔大西知子〕,
오오니시 나오〔大西奈緒〕, 가와모토 리에꼬〔川元理惠子〕,
사카시타 미키꼬〔坂下美季子〕, 니시무라 아야꼬〔西村文子〕,
하마노 도모까〔濱野智加〕

박해순 옮김

東 文 選

일본군 '위안부' 문제

일본 여대생들은 어떻게 공부하고 느꼈는가

못다 핀 인생

이 이야기는 편저자가 일본군 '위안부' 할머니의 증언과 여러 가지 사료에서 배워 제작했다. 일본군 '위안부' 할머니들이 그린 그림 중에서 골랐다.

출전은 〈나눔의 집〉에서 간행한 《못다 핀 꽃 일본군 '성노예' 피해 할머니 작품집》이다.

그림의 차례
김순덕 〈시골집〉
김순덕 〈베짜기〉
김복동 〈14세 소녀시 끌려가는 날〉
김순덕 〈끌려감〉
이용녀 〈끌려가는 조선처녀〉
강덕경 〈빼앗긴 순정〉
김순덕 〈그때 그곳에서 2〉
강덕경 〈라바울 위안소〉
강덕경 〈악몽〉
강덕경 〈정신대 원귀〉
강덕경 〈우리 앞에 사죄하라!〉
김순덕 〈못다 핀 꽃〉
강덕경 〈책임자를 처벌하라〉
강덕경 〈사죄〉

김순덕 〈시골집〉

나는 조선의 어느 마을에서 태어났습니다.

멀리 산이 보이는 작은 시골 마을이었습니다.

가난한 생활이었지만 가족이 힘을 합해 살아가고 있었습니다.

고향의 기억이 따뜻한 것은 어느 나라나 마찬가지겠지요.

1998.2.
김순덕

김순덕 〈베짜기〉

친구들과 베를 짰던 때가 기억납니다.

천을 짜는 일은 어린애라도 여자에게 소중한 역할이었습니다.

빨리 돈을 벌어 가족 모두에게 보탬이 되고 싶다.

나는 늘 그렇게 생각하고 있었습니다.

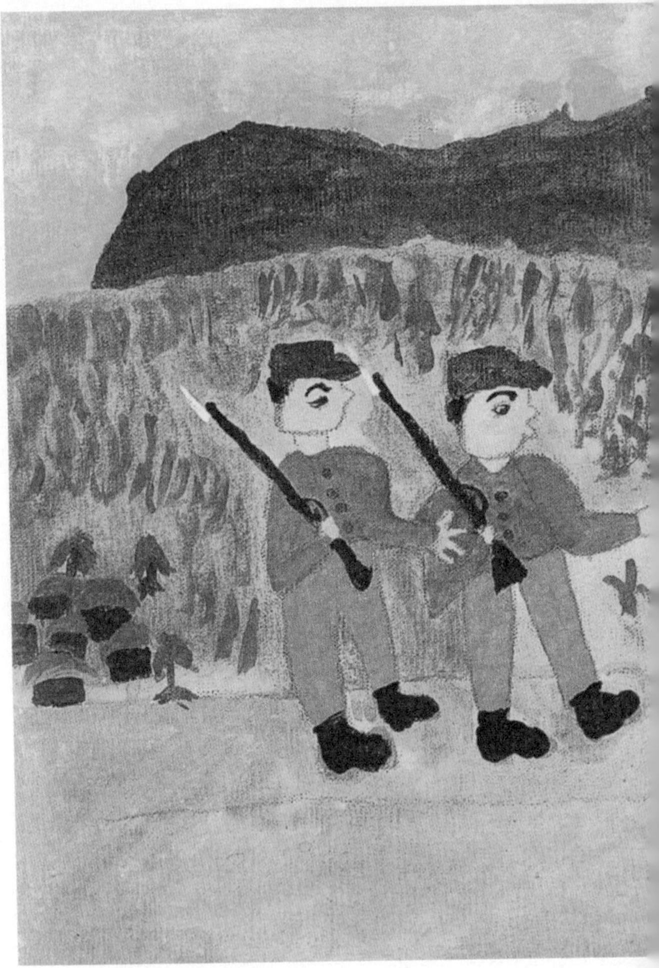

김복동
⟨14세 소녀시 끌려가는 날⟩

14세이던 어느 날 일본인에게 불려갔습니다.

그 무렵 조선에는 일본 군대가 많이 있었습니다.

"좋은 일거리가 있다" "학교에도 갈 수 있다."

나는 뛸 듯이 기쁜 마음으로 이야기를 들으러 갔습니다.

김순덕 〈끌려감〉

하지만 그 말은 완전히 사기였습니다.

속은 걸 알고 "집에 가고 싶다"며 울면 세게 얻어맞았습니다.

계속해서 울면 묶어두었습니다.

군대는 귀신처럼 무서웠고, 어린 저로서는 어쩔 도리가 없었습니다.

이용녀
〈끌려가는 조선처녀〉

나는 계속 울기만 했습니다.

울고 있는 동안에 전쟁터로 데려갔습니다.

고향의 가족에게 안녕이라 인사말도 하지 못했습니다.

배에는 나처럼 눈물을 흘리는 많은 또래 여자들이 있었습니다.

강덕경 〈빼앗긴 순정〉

기다리고 있는 것은 지옥 같은 나날이었습니다.

나는 강제로 '위안부'가 되었습니다.

좋아하지도 않는 남자들에게 매일매일 당했습니다.

고작 14세 아이였는데.

김순덕 〈그때 그곳에서 2〉

나를 범하기 위해 많은 병사들이 줄을 섰습니다.

잇따라 병사가 올라타 덮쳐 누르며 나를 도구처럼 다루었습니다.

저항하면 두들겨 맞았습니다.

칼로 위협당하고 찢긴 상처는 지금도 몸에 남아 있습니다.

강덕경
〈라바울 위안소〉

조선어로 말하면 매를 맞았습니다.

병사들이 나를 '하루에' 라는 이름으로 불렀습니다.

엄연히 부모님이 지어 주신 이름이 있는데.

조금이라도 쉴 수 있는 건 병사에게 성병이 옮았을 때뿐이었습니다.

강덕경 〈악몽〉

악몽과 같은 나날이었습니다.

도망간 적도 있고 죽으려고 약을 먹은 적도 있습니다.

하지만 붙잡히고 되살아나 두들겨 맞고 또 범해졌습니다.

빠져나갈 수 없는 지옥이었습니다.

강덕경 〈정신대 원귀〉

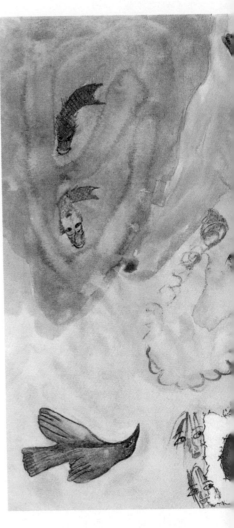

매일매일 범해졌습니다.

몇 년이나 몇 년이나 당했습니다.

당신은 상상할 수 있습니까?

말로 표현할 수 없는 고통이 바로 이것입니다.

강덕경
〈우리 앞에 사죄하라!〉

전쟁이 끝나고 병사들은 일본으로 돌아갔습니다.

그러나 나는 버려져 그 자리에 남겨졌습니다.

그후 가까스로 그리운 고향으로 돌아왔습니다.

하지만 나는 이미 죽은 몸이 되어 있었습니다.

김순덕 〈못다 핀 꽃〉

"일본인에게 더럽혀진 여자."

이미 가족과 함께 살 수 없었습니다.

고향집에서 베도 짤 수 없었습니다.

나의 일생은 이렇게 뚝 가지가 부러져 버렸습니다.

나의 무엇이 살아갈 수 없게 한 것일까요?

강덕경 〈책임자를 처벌하라〉

그 전쟁을 일으킨 사람은 누구입니까?

나를 가둔 '위안소'를 만든 사람은 누구입니까?

'위안소' 앞에 줄지어 서서 나를 범한 사람은 누구입니까?

나는 아직 확실하게 사과 한마디조차 듣지 못했습니다.

아직도 평화는 내 마음에 찾아오지 않았습니다.

강덕경 〈사죄〉

만약 당신이 나와 같은 인생을 살았다면······

만약 당신의 소중한 사람이 나와 같은 인생을 보내게 된다면······

당신은 침묵하고 있을 수 있겠습니까?

당신의 힘을 빌려주십시오.

나의 소원이 이루어지도록.

당신의 힘을 빌려주세요.

두번 다시 전쟁이 없는 평화로운 아시아를 만들기 위해.

한국어판 독자 여러분께

이 책은 일본의 코오베여학원대학(神戶女學院大學) 학생들에 의한 '위안부' 문제에 관한 배움의 기록인 동시에 일본의 젊은 세대들에게 '위안부' 문제를 알려 문제 해결의 긴급성을 호소하는 '위안부' 문제의 입문서입니다. 일본에서는 2006년 2월에 출판되었습니다. 아시는 바와 같이 일본정부는 학교 교육에 있어서 일본에 의한 한반도나 중국, 동남아시아나 태평양 제도에 대한 침략의 역사를 바르게 가르치기를 거부하고 있습니다. 이같은 사회 상황 때문에 중·고등학생들도 읽을 수 있는 이 책과 같은 입문서의 출판은 일본에서 중요한 역할을 하고 있습니다.

다행히도 같은 해 가을 〈나눔의 집〉에서 이 책이 판매되게 된 것이 하나의 계기가 되어 한국어판의 이야기가 진행되었고, 여러분께 선보일 수 있게 되었습니다. 일본 국민은 결코 당시의 침략 전쟁을 긍정하는 사람들만 있는 것이 아닙니다. 부디 이 책을 통해 일본의 젊은 시민들의 일반적인 견해를 이해해 주시면 감사하겠습니다.

아베 수상은 침략 전쟁의 반성을 전제로 한 전쟁 포기의 조항 (제9조)을 포함한 [일본국 헌법]의 개정을 임기중에 실시하기로 공언하였습니다. 또한 자민당 정치에 커다란 영향력을 미치는 최대의 재계단체·일본 경단련도 이를 적극 지지하고 있습니다. 그 배경에는 미군과 자위대의 일체화를 원하는 미국 정부의 요청이 있었습니다. 이것은 꽤나 많은 준비를 해온 계획적인 움직임입니다.

그러나 국제연합헌장에 의거해 평화질서를 구현하고자 하는 세계의 흐름을 거역하며 역사의 진실을 왜곡하려는 이러한 움직임에는 미래가 없습니다. 한편, 일본 국내에는 헌법을 지키며 개헌을 허락하지 않는 정치 운동이나 시민 운동의 커다란 움직임을 볼 수 있습니다. 저명한 문화인 등에 의한 [제9조회]는 전국으로 확산, 벌써 6천이 넘는 조직을 지역과 직장에 만들었습니다. 물론 지금도 늘어나고 있으며, 저희 대학에서도 [제9조회]가 활동하고 있습니다.

또한 일본에는 침략 전쟁에 반대해 한반도를 포함한 식민지의 해방을 결사적으로 호소했던 역사가 있었고, 전쟁 이후 미일안보조약 강화에 수십만의 사람들이 국회를 둘러싸고 반전과 평화를 위한 운동을 펼친 전통이 있습니다. 헌법을 지키기 위한 오늘날의 대처는 이 전통을 계승해 새롭게 발전시키는 것이라 해도 과언이 아니라 봅니다. 이 책도 크게는 그러한 전통위에 그 위치를 두는 것이라 할 수 있습니다.

이 책의 번역은 한국측에서 해주셨습니다. 처음 한국어판을 권유해 주신 분은 한국민속극 연구소의 박해순 선생님이십니다. 감수는 한국민속극연구소 소장으로 계시는 심우성 선생님께, 출판은 도서출판 동문선의 신성대 사장님과 직원 여러분들께 부탁드리게 되었습니다. 도와주신 여러분들께 진심으로 감사의 말씀을 드립니다.

이 책이 역사의 진실을 올바르게 응시하며 오늘날의 북동아시아에 확고한 평화 질서의 건설을 바라는 한국과 일본의 젊은 세대들의 교류와 연대에 조금이나마 도움이 된다면 더 이상의 기쁨은 없습니다. 많은 분들이 읽어 주시길 진심으로 바랍니다.

2007년 3월 5일
엮은이 코오베여학원대학〔神戶女學院大學〕
이시카와 야스히로〔石川康宏〕

새로운 연대와 희망을 찾는 노력
일본군 성노예제 피해자에게 정의를!

"우리는 죽지 않을 거예요……. 우리가 한 사람이라도 남을 때까지 싸울 것이고……."

"언니야, 걱정마라. 언니 몫까지 내가 열심히 싸울 테니까 여기 일은 걱정말고 편안히 가라!"

한 피해자는 병마와의 싸움 끝에 숨을 거두면서도 결코 죽지 않을 것이라며, 죽어서도 잊지 못할 것이라며 절규하고, 남아 있는 생존자는 그녀의 주검 앞에서 먼저 가는 동료의 몫까지 다하겠노라며 안심하고 가라고 그렇게 울부짖는다. 바로 가까이 온 죽음 앞에서도 "다른 것은 다 잊어버릴 수 있는데, 가슴 속에 쌓인 그 악몽 같은 지난 일은 도저히, 도저히, 버릴 수가 없어!" 하시며 마지막 힘을 다해 가슴을 주먹으로 내리친다.

이제 한 분 두 분 우리 곁을 떠나시는 '할머니,'* 그 할머니들은 일본정부가 일본군 성노예 제도에 군의 개입을 부인하고,

---

* 일본군 성노예 문제 해결 운동에 함께 연대하고 있는 아시아 · 유럽 · 미주 등지의 여성들과 시민들도 한국의 일본군 성노예 피해자를 지칭할 때 '할머니'라는 말을 고유명사처럼 사용하고 있으며, 영어로 사용할 때도 Halmuny, Grandma로 번역하고 있다.

민간업자의 짓이라며 발뺌할 때, 한평생 어느 누구에도 입을 열지 않았던 아픈 과거를 용기 있게 증언함으로써 일본정부의 범죄를 고발했다. 1991년 8월 14일, 고 김학순 할머니의 첫 증언을 시작으로 지금까지 한국에는 2백34명의 일본군 성노예 피해자들이 신고를 하였다. 정말 용기 있는 고발이었다. 해방 후 반세기 동안 한국 사회로부터 '죄인 아닌 죄인'으로 낙인찍혀 음지 속에서 살아왔던 피해자들이었다.

"과거 역사에 대해서 증언을 한 그날에는 밤에 악몽을 꿔요. 일본군인들이 나한테 덤벼들고, 나는 발버둥치고 그러느라 잠을 자도 잠을 자는 게 아니에요. 눈을 뜨고 있어도 꿈을 꾸는 것처럼 과거 역사가 눈앞에 영화처럼 펼쳐져요. 얼마나 끔찍한지."

"모두들 나를 두고 손가락질을 해요. 그럴 때는 정말 죽고만 싶지요. 그래도 알아야 하니까, 일본군인들이 얼마나 나쁜 짓을 했는지 알아야 하니까, 그래서 부끄럽고 괴롭지만 신고를 했어요."

그로부터 17년이 지나 이제 생존자들은 어느덧 80대 초반에서 90대 중반의 나이가 되었고, 한 분 두 분 사망하여 5월 1일 현재 1백10명만이 생존해 있을 뿐이다. 남아 있는 분들도 대부분 일본군 성노예 시절의 성적학대로 인한 자궁질환, 매독, 성병의 후유증으로 육체적·정신적 질환을 앓고 있으며, 가임기의 임신을 피하기 위해 강제로 투입되었던 약물(살바르산, 일명 606주사)로 인한 피해로 환각·환청, 히스테리 등의 정신질환과 피해 의식, 불면증 등 숱한 정신적 질병과 싸우며 하루하루를 살아가고 있다.

할머니들이 요구하고 바라는 것은 지극히 기본적이고 평범한 것이다. 일본정부가 자신들에게 저지른 행위가 범죄였음을 인정하고, 공식 사죄, 법적인 책임을 이행하라는 것이다. 이를 위해 1992년부터 시작한 수요 정기시위는 15년이 지났다. 지난 15년 동안 일본군 '위안부' 생존자들은 언제나 수요시위 맨 앞줄에 서 있었다. 대구에서 인천에서 서울에서 광주 나눔의 집에서, 또 때로는 부산에서 통영에서 마산에서 대전에서 할머니들은 기차를 타고, 버스를 타고 서울 일본대사관 앞으로 나오셨다.

미국 · 독일 · 호주 · 캐나다 · 스위스 · 일본 등 일본정부의 범죄를 고발하고, 일본군 '위안부' 문제를 해결하기 위한 연대를 만들기 위해서라면 80세 노구를 마다하고 직접 참석하셨다. 한국정부가 외교보호권을 행사하지 않아서 인권을 침해당했다며 외교통상부의 적극적인 해결을 요구하며 매주 수요일 외교통상부 앞 생존자 1인 시위도 전개했다.

1990년 11월 16일, 정대협이 발족된 이후 17년 동안 참으로 많은 일들이 있었다. 남북연대와 아시아 피해국 여성연대로 힘을 모았고, 여성인권 문제로 유엔 인권소위원회와 유엔 인권위원회에 제소하여 유엔 인권위원회로부터 사죄와 법적 배상의 권고를 받아냈다. 비인도적인 범죄, 전쟁범죄로 국제사법재판소에 제소하는 문제를 한국정부에 요구하기도 하였고, 일본 시민들의 적극적인 역할로 일본사법부에 소송을 건 지도 16년이 지났다. 미국법원에 일본의 기업과 정부를 제소하기도 하였다.

일본군 성노예 문제로써 강제 노동을 금지하는 협약을 위반한 사례로 ILO에 제소하기도 하고, 네덜란드 헤이그에 있는 국제상설중재재판소 제소 요구, 일본 검찰청에 책임자 처벌 고소 · 고발장 제출, 그리고 일본군 성노예전범 여성국제법정을 열어 히로히토 일 국왕 유죄판결을 받아내기도 하였다.

한 사건이 끝날 때마다 피해자들에게 사죄와 배상을 요구하는 권고가 이루어졌지만, 그래서 생존자들은 일본정부가 그 권고들을 받아들일 것을 희망하며 기다렸지만, 일본정부는 무시했다. 온갖 노력을 다해보지만 끄떡도 하지 않는 일본정부를 보면서 우리가 극복해야 할 벽이 얼마나 크고 엄청난 것인지 매번 느끼게 된다.

그러나 생존자들과 우리들의 활동은 늘 새로운 곳을 찾아 나선다. 매년 광복절을 보내면서 기어코 올해에는 피해자들에게 진정한 해방을 안겨 주자며 활동했지만 결국은 문제 해결을 보지 못하고 지났다. 해방 61주년이 되는 지난해에도 일본군 '위안부' 문제 해결을 위한 새로운 방법들을 모색하며 세계 각지에 새 친구들을 만드는 활동을 계속했다. 이로 인해 미국과 유럽 · 오세아니아 · 아시아 등 전 세계 30여 개 국가에서 시민단체들이 "일본군 '위안부'에게 정의를!" 슬로건을 내걸고 한국의 피해자들과 함께 연대하고 있다. 국제사면위원회(Amnesty International)가 여성폭력 중단 국제 캠페인의 하나로 일본군 '위안부' 문제를 택하면서 세계는 인권 문제를 제기하고 논의할 때마다, 전쟁과 평화 문제를 생각하고, 여성폭력 문제를 생각할 때마다 일본군 '위안부' 문제를 함께 논의했다.

"우리가 돈 땜에 이러는 게 절대로 아니여, 우리가 배상받아 봤자 그거 어떻게 쓰고 죽겠어. 당장 내일 죽을지, 모레 죽을지 알 수 없는 늙은이 인생인디. 내가 포기할 수 없는 것은 말이 여, 우리 할먼네들은 이렇게 몸이 절단났지만, 우리 일생은 이미 망가져서 제대로 사람답게 살 수 없었지만, 이렇게 예쁜 우리 손주들이 우리처럼 되어서 안 되는 거, 그것 땜에 우리가 이렇게 포기 안 하는 거라고."

이래서 우리 할머니들이 평화 운동의 교과서이고, 상징이고, 또 우리 미래 세대들의 희망이고, 주춧돌이다. 일본군 성노예라는 인류 역사상 전례 없는 범죄를 우리의 연대로 함께함으로써 이 세상에서 전쟁이라는 이름하에 저질러지는 모든 폭력, 인권유린에 평화의 깃발을 꽂아야 한다. 오늘도 전쟁범죄를 저지르고 있는 범죄자들, 자기가 자행하면 그것이 범죄가 아니라 평화라며, 인권수호라며 세계의 도움을 받고 있는 자들, 그렇게 당당하게 웃으면서 전쟁을 통해 살인을 범하고 있는 사람들의 가슴에 평화의 메시지를 전해야 한다.

일본정부가 하루속히 모든 자료를 공개하여 진실을 밝히고, 공식 사죄와 법적 배상을 실시하여 일본군 성노예 생존자들에게 정의가 회복될 수 있기를 바란다.

윤미향
(한국정신대문제대책협의회 상임대표)

옮긴이 말

처음 〈나눔의 집〉을 방문하던 날, 아무 생각 없이 마당을 들어섰고 역사관으로 발길을 옮겼다. 재현해 놓은 '위안소' 방을 둘러보고 여기저기 기웃거리고 있었을 뿐이다. 어느 자리에 서는 순간 차가운 무엇인가가 내 머리카락을 곤두서게 했다. 너무도 싸늘하여 갑자기 소름이 돋았다. 도대체 이곳에 무엇이 있길래 이런 서늘함이 나를 감싸는가 생각하며 둘러보니, 돌아가신 일본군 강제 위안부 할머니들의 영령을 모셔 놓은 자리였다. 살아 생전 쓰시던 소지품, 촛불, 사진…….

'아! 떠나지 못하고 한맺힌 모습으로 여기 계시는구나……. 왜 이런 느낌이 드는 것일까? 내게 하고픈 말이 있는 것일까? 내가 할 일이 있는 것일까…… 무엇일까?'

뇌리 속에 날아와 박히는 의문 하나. 온몸으로 느낀 알 수 없는 그 '싸늘하고 차가운 전율'이 사라지지 않고 자꾸 무엇인가를 생각하게 했다.

한국민속극연구소 소장이시며 스승이신 민속학자 심우성 선생님께서 일본에서 구입해 오신 《'慰安婦'と出會った女子大生たち》를 내게 건네주시며, "이 책 좋더라. 자네가 한 번 번

역해 봐. 나는 지난주에 수요시위에 갔다 왔는데 시간이 허락하는 한 꼭 나갈 거야."

그렇게 일본군 강제 위안부 할머니들과 만남이 작년 늦가을부터 시작되었다.

1992년 1월 8일부터 오늘까지, 일본의 침략 전쟁에 희생당하신 할머니들이, 일본정부의 공식 사죄와 법적 배상을 요구하며 15년 동안 꿋꿋하게 투쟁해 오고 계신 서울 일본대사관 앞 수요시위 현장. 나라 잃고 가족도 잃고 자기의 존재마저 잃어버린 슬프고도 불쌍하신 이 땅의 딸들이 침략 전쟁으로 광분해 있던 일본군의 성노예로 끌려가 온갖 고초를 겪고 살아 남아, 이제는 8,90이 넘은 늙고 병든 몸을 이끌고 매주 수요일마다 할머니들은 이곳에 나와 계신다.

한여름의 뙤약볕, 세찬 겨울바람을 무릅쓰고 15년을 쉬지 않고 이어온 수요시위 현장에는, 전국 각지에서, 세계 곳곳에서 수많은 사람들이 찾아와 지나간 역사가 아닌 지금 이 시대를 함께 살아가고 있는 생생한 역사를 보고, 배우고, 느끼고 돌아가 자기의 할 일을 하고 있다.

이 책을 옮기면서 얼마 남지 않은 할머니들이 살아 계시는 동안, 하루라도 빨리 할머니들의 소원(일본정부의 사죄와 배상)이 이루어지기를 더욱 간절히 바라게 되었다.

출판을 허락해 주신 코오베여학원 대학의 이시카와 야스히로〔石川康宏〕 선생님과 이시카와 야스히로 세미나에 참여하신 코오베여학원 대학생 여러분, 정영자 선생님, 협조해 주셔서 고맙습니다.

끝으로 늘 모자라는 저를 믿어 주시고 격려해 주시며, 이 세상 무슨 생각을 갖고 살아가야 할지 밝은 빛을 비추어 주시는 심우성 선생님에게 마음 깊이 감사드립니다. 또 어려움을 무릅쓰고 출간해 주시는 '동문선'의 신성대 사장님, 편집부 여러분 고맙습니다.

2008년 1월

옮긴이 박해순

차 례

못다 핀 인생 ··· 5
　　　그림: 강덕경, 김복동, 김순덕, 이용녀

한국어판 독자 여러분께 ························· 이시카와 야스히로 35

새로운 연대와 희망을 찾는 노력 ························· 윤미향 39

옮긴이 말 ··· 박해순 45

강제 지옥과 같은 일본군 ‘위안부’의 증언 ··············· 51

2005년 9월 13일, 〈나눔의 집〉에서 ················· 문필기 53

2005년 12월 20일, 코오베여학원대학에서 ··········· 이옥선 60

학생들과 함께 배운 ‘위안부’문제 ········ 이시카와 야스히로 73

이 문제와의 만남 ·· 75

‘위안부’문제에 대하여 ·· 79

2004년, 2005년 세미나와 〈나눔의 집〉 ··········· 89

학내의 분위기를 바꾼 학생들의 힘 ····················· 106

‘위안부’문제와 나의 연구 ··························· 113

무엇을 어떻게 막아낼 것인가, 앞으로 어떻게 할 것인가 · 119

좌담회 출석자: 이시카와 야스히로, 오오니시 도모꼬, 오오니시 나오,
　　가와모토 리에꼬, 사카시타 미키꼬, 니시무라 아야꼬, 하마노 도모까

각기 다른 이유에서 이 세미나를 선택 ················· 121

봄방학 ‘숙제’ — 알게 된 것의 충격 ····················· 127

읽고, 보고, 조사하고, 토론하고 ··························· 133

〈나눔의 집〉 ─ 눈으로 본 현실의 무게 ──────── 141

이제부터는 나라를 어떻게 이끌어 갈 것인가,

　어떻게 살아갈 것인가 ──────── 150

맺음말 ──────── 이시카와 야스히로 161

강제 지옥과 같은
일본군 '위안부'의 증언

〈나눔의 집〉에서 거주하고 계시는 2명의 일본군 '위안부' 문필기 할머니, 이옥선 할머니의 증언을 정리한 것이다.

문필기 할머니의 증언은 이시카와 야스히로 세미나 팀이 2005년 9월에 〈나눔의 집〉을 방문했을 때 말씀해 주셨다.

이옥선 할머니는 같은 해 12월 20일 코오베여학원대학의 여성학 협회와 인권교육위원회의 공동 주최로 열린 '할머니들 강연회'에서 증언해 주셨다.

문필기 할머니의 증언

2005년 9월 13일, 〈나눔의 집〉에서.

통역은 야지마 츠카사〔矢嶋宰〕 씨

15세에 끌려가

나눔의 집에 온 지 1년이 조금 지났습니다. 그전까지 오래도록 서울에 살았습니다. 중국에는 만 15세 때 끌려갔습니다.

고향은 경상남도, 아버지는 날품팔이 노동자, 어머니는 구멍가게를 하며 물건을 팔았지요. 집안 형편은 그리 어렵지 않았는데, 아버지가 학교에 가지 못하게 했어요. "가시나가 공부하면 여우가 된다"며 일본인이 경영하는 학교에 다니는 것을 반대했지요.

학생들과 함께, 문필기 할머니

어느 날 부모님이 안 계실 때 일본인 앞잡이 노릇을 하는 아저씨가 와서 "중국에 공부도 할 수 있고 돈도 벌 수 있는 곳으로 보내 주겠다"고 꼬드겼습니다. 부모님이 안 계시니 다음에 다시 오라고 저항했지만, "이렇게 좋은 기회는 다시 없을 것이다"며 강요하여, 집을 나와 미리 세워 놓은 짐 싣는 트럭에 올라탔습니다. 조선어를 잘하는 일본인 순사도 있었어요.

기차를 타러 부산에 가서 어떤 미용실에 들러 머리를 짧게 잘 렸습니다. 어렸을 때부터 길러 허리에 닿을 만큼 긴 머리카락이라 자르기를 거부했지만, 짧게 잘라 버려 너무도 슬펐어요. 머리카락을 자른 다음 중국의 길림성으로 데리고 갔습니다. 부산역에서 여자 5명, 다시 서울역에서 여자 10명, 신의주역에서 10명이 기차에 태워져 모두 25명 정도 되었지요.

너무도 공부가 하고 싶은 마음에 결국 유혹에 넘어가 버리고말았지요.

"너희 나라는 우리가 빼앗았다"

내가 있던 '위안소'는 돈을 지불하지 않고 돈표를 내놓고 나갔습니다. 군인들은 먼저 돈표를 구입했어요. 열 장을 구입하든 스무 장을 구입하든 자유지만, 여하튼 군인들은 돈표를 사들고 찾아왔어요. 돈표는 묶음으로 되어 있었고 한 번에 정해진 수를 내야 했지요. 하지만 어떤 군인은 가령 열 장 묶음으로 1회 이용해야 할 때 다섯 장만 주기도 했지요. 이럴 때 돈표 열 장을 달라고 하면 심하게 때렸어요. 조금이라도 말을 듣지 않으면 곧바로 때리거나 발로 차서 너무 무서웠습니다.

군인을 상대하는 것이 얼마나 괴로운지…… '위안소'에서 군인을 상대하는 일은 너무도 힘들었어요. 나이 어린 어린애 같은처자들에게 시켜서는 안 되는 일이었지요. 그런 일을 우리에게요구했어요. 못하겠다고 하면 심하게 매를 맞아야 했지요.

때로 이렇게 말하는 군인도 있었어요. "너희 나라는 우리들이 빼앗았다. 그러니 우리가 하는 말을 들어라"는 말을 듣는 것만큼 슬픈 일도 없었어요.

불쏘시개로 겨드랑이를 지져

어느 토요일, 내가 있던 '위안소'에는 페치카로 불리는 난로 같은 것이 있었는데, 한 군인이 내가 심하게 거부했더니 화를 내며 빨갛게 달궈진 불쏘시개를 들고 들어와 나의 겨드랑이를 지졌어요.

너무 뜨겁고 아파 엉겁결에 군인에게 "무슨 짓이야! 이 새끼야!"라고 조선어로 소리를 질렀어요. 조선말을 해서는 안 되는데, 너무도 뜨겁고 아파 나도 모르게 말이 나와 버렸어요.

그 소리가 너무 컸으므로 밖에서 기다리고 있던 군인들이 무슨 일인가 하고 들어왔어요. 내가 쓰러져 부들부들 떨고 있는 모습을 보고, "이 여자에게 이렇게 심한 짓을 한 자는 누구냐"며 따지는 자도 있었습니다. 우르르 다른 군인들이 들어와 꽤 시끌벅적했지요.

곧 병원으로 데려가 군의관의 치료를 받았어요. 주사를 맞고 치료를 받아 목숨은 건졌지만, "이 일은 절대로 새나가지 않도록" "다른 부대에 이 말이 퍼지면 명예가 훼손된다"며 입을 다물게 했어요.

주말에는 하루 20명을 상대

주말, 토ㆍ일요일이 되면 더욱 많은 군인들이 찾아왔어요. 주말이면 하루에 20명 가량 상대해야 했지요. 도망가려 해도 도망갈 만한 곳이 없었어요.

어떤 여성이 임신하자 주사를 놓아 아이를 지워 버렸어요. 유산시켜 버렸지요. 간혹 출산한 여성도 있었는데, 출산하면 그 여성과 아이가 어디론가 보내지는 경우도 있었지요.

출산한 다른 어떤 여성은 아이를 가까이 사는 중국인 노파에게 맡겼어요. "이 아이를 꼭 돌봐 달라"며 부탁했지요. 어떻게든 아기를 키우려는 여성도 있었어요.

외출하면 보초병이 감시를

'위안소' 생활은 너무도 힘들었습니다. 이따금 외출할 때도 있었어요. 외출 때는 꼭 보초병 2명이 따라붙었어요. 뒤따라오며 감시했지요. 보초병들은 군속(軍屬)으로 일하는 자들이었어요.

보초병들은 군인들 대신 우리를 감시하고 조금이라도 마음에 들지 않으면 화를 냈어요. 곧바로 '위안소'로 데리고 가서 지하실 같은 곳에 가뒀어요. 지하실은 너무도 추워 발이 얼어 아무것도 할 수 없는 곳이었어요. 금방이라도 얼어 버릴 것같이 추웠어요. 어떤 이는 추위 때문에 정신이 돌아 버렸지요.

그 외에도 말로 표현할 수 없을 만큼 힘든 일을 끊임없이 시켰어요. 누구에게도 말할 수 없는 힘든 일이었어요. 내 허리가 아픈 것도 그때의 후유증이지요. 몸의 고통은 말로 표현할 수 없어요.

성병과 요통(腰痛)으로 괴로워

군인을 상대하는 일이 얼마나 힘든 일인지 여러분은 아십니까. 가령 몸집이 큰 군인을 상대하다 무게에 짓눌려 죽을 것 같다는 생각을 하며 군인들을 상대해야 했지요.

'위안소'에 있을 때 매독에 걸린 적도 있었어요. 당시 606호라는 약을 먹고 주사도 맞아 잘 나았다고 생각했었는데 사실은 그렇지 않았어요. 해방 후 한국으로 돌아온 후 최근에야 안 일이지만, 머리카락이 대부분 빠진 적이 있었어요. 큰 병원에 가서 검사를 받으니 아마 매독 탓도 있지만, 606호라는 약 때문이라고 해요. 약 성분이 몸에 남아 있다가 지금 와서 나타난 것이 아닌가 하고 말했어요. 이런 일까지 당하며 살았어요. 진정으로 고이즈미는, 일본정부는 분명히 우리들에게 사죄해야 합니다. 너무도 처참하고 고통스러운 일이었어요.

'허리 아픈 것 정도'라 말할 수도 있겠지만 농담이 아닙니다. 허리 통증으로 인해 지금 또 얼마나 힘든지……. 허리만 아프지 않으면 나는 좀더 즐겁게 살 수 있을 것 같아요.

해방의 날이 와서

내가 어떻게 해방을 맞는가 하면, 어느 날 갑자기 그 많던 군인들이 사라졌어요. 전쟁터에 나갔다고 들었지요. 하지만 군인만 빠져나가고 우리들만 남겨졌어요. 신의주에서 왔다는 여자가 (이 사람은 우리들보다 훨씬 나이가 많았다) 돌아가는 방법을 알고 있다고 했어요. 이 사람은 조선과 중국의 '위안소'를 몇 번 오간 적이 있는 것 같았어요. 이 사람이 길을 알고 있었으므로 나를 포함하여 4명이 '위안소'를 나왔어요.

'위안소'를 출발하여 평양에 도착했지요. 평양에 도착하자 이 여자가 "너희들과 함께 갈 수 있는 것은 여기까지다" "나는 다른 곳으로 가야 하므로 각자 돌아가라"고 말했어요. 그러면서 "이 아이를 서울까지 데려다 주라"며 아는 남자에게 나를 맡겼지요. 나는 그 남성과 함께 서울로 향했어요.

지금까지 결혼은 하지 않았다

서울역에서 주먹밥을 받은 것이 기억나요. 서울역에는 아주 키 큰 미국인이 있었고, 평양에는 소련 군인이 있었어요. 얼굴이 깨끗하면 군인들이 덮쳤으므로 일부러 더럽게 얼굴을 까맣게 칠했어요. 서울역에 도착하자 함께 왔던 남자가 차표를 건네주며 "이 차표대로 가면 돌아갈 수 있다"고 말해 주었어요.

집 나온 지 3년 만에 간신히 고향집에 도착할 수 있었어요. 3년이나 지났으므로 나를 본 어머니가 깜짝 놀라며 "너 진짜 살아 돌아온거냐" "귀신이 아니냐" "유령이 아니냐" "살아 돌아오다니 믿을 수 없다" "분명 귀신이다"며 몇 번이고 중얼거리셨어요.

고향집에서는 이미 학교에 갈 나이가 지났으므로 "결혼하라"고 했지요. 하지만 "죽어도 결혼하고 싶지 않다"고 말했어요. 지금까지 결혼하지 않았습니다.

구(舊) 일본군 병사의 증언

'위안소'의 일은 이 정도로 그치겠습니다. 고이즈미는 우리들에게 명확히 배상이라는 형태로 책임을 져야 합니다. 나는 당신들 나라 때문에 이런 고통을 겪었습니다. 결국 몸은 엉망으로 망가져 버렸지요. 그런데도 어떻게 우리를 나 몰라라 할 수 있나요.

최근에는 독도를 두고 일본에서는 다케시마라고 하지요. 일본정부는 독도가 자기네 땅이라네요. 나는 이해할 수가 없어요. 한국 땅인데 말입니다. 한국이든 일본이든 서로 노력하여 해결해야 합니다.

2000년에 도쿄에서 민중법정이 열렸는데, 구(舊) 일본군 2명이 법정에 서서 자신들이 무슨 짓을 했는지를 증언했어요. 마지막으로 그들이 한 말은 "이 피해 여성들이 말하고 있는 것은 사실입니다"라는 것이었어요. 그 말을 듣고 두 일본군 병사가 얼마나 고맙던지. 우리들은 함께 걸어나가 악수도 나누고 진정으로 서로를 위로했어요. 민중법정 회장 여기저기서 울음소리가 흘러나왔고, 우리들이 얼마나 큰 피해를 입었는지 진정으로 알아 주었지요.

오늘 나의 이야기는 이 정도로 마치고 싶습니다.

이옥선 할머니의 증언

2005년 12월 20일, 코오베여학원대학에서.

통역 조미경 씨

나는 한국의 나눔의 집에서 온 이옥선이라 합니다. 나이 여든이 되었습니다.

여러분에게 이런 말을 하는 내가 너무도 미안한 마음이 듭니다. 너무도 죄송스럽고, 부끄럽기도

증언하는 이옥선 할머니

합니다. 하지만 난 죽을 때까지 이러한 역사적 사실을 여러분에게 전하고 싶고, 남겨야 한다는 마음을 갖고 있습니다. 이렇게 증언하는 것은 두번 다시 전쟁이 일어나지 않게 하기 위해서라도 필요한 일이라 나는 느끼고 있습니다.

심부름 나왔을 때……

나는 한국인입니다. 부산에서 태어났습니다. 15년간 부산에서 자랐지요. 7세 때 공부가 몹시 하고 싶었지만 가정 형편이 별로 좋지 않아 학교에 갈 수 없었어요.

열다섯에 가정 형편으로 울산의 어느 집 양딸로 갔어요. 그곳

에서 살고 있을 때, 시내로 집주인의 심부름을 나갔지요. 그때 길거리에서 모르는 남자 2명에게 끌려갔습니다. 두 남자가 일본인인지 조선인인지 모르겠어요. 한 사람은 일본말을 했고 다른 한 사람은 조선인 같다고 생각했습니다. 열다섯 어린아이라 도저히 저항하지 못하고 손목을 나꿔채여 납치를 당했습니다. 모퉁이를 돌아 끌려간 곳에 커다란 트럭이 있었고, 트럭은 안에서 바깥이 보이지 않게 천으로 가려져 있었지요. 나는 짐짝처럼 던져졌습니다.

짐을 올려 놓는 대에 부딪쳐 너무 아파 울음이 나왔어요. 울음을 그치고 일어나 보니 트럭 안에는 나뿐만 아니라 다른 사람이 있었는데 나를 포함해 6명의 여성이 있었지요.

울면서 집으로 돌려 보내 달라고 호소했어요. 하지만 그러면 그럴수록 손을 묶거나 발을 묶어두었어요. 밤에 기차를 태워 어디론가 데려갔습니다. 기차를 타고 있는 동안은 미국행 기차인지, 중국행 기차인지, 일본행 기차인지 몰랐습니다. 기차는 어느 역에도 멈추지 않고 곧장 중국으로 달렸어요.

도착한 곳은 도문(길림성)이었습니다. 그곳에 도착하여 잠을 잔 곳이 콘크리트로 만들어진 어둡고 추운 유치장 같은 곳이었지요. 너무 춥고 조용했어요. 6명이 함께 갔어요. 하지만 나머지 5명은 함께 지내고 나만 독방에 감금되었지요. 특별히 일본에 나쁜 짓을 한 적이 전혀 없는데도. 혼자 감금된 열다섯의 나는 너무 외롭고 무서웠습니다. 너무 추워 몸을 오그리고 있었으므로 발이 저렸어요. 분명 강제로 끌려왔는데도 내 발로 간 것이 아니냐는 오해를 받기도 했습니다. (우리들은) 12세에서 15세 나이에 '위안소'로 끌려갔을 뿐, '위안소'가 어떤 일을 하는 곳인지도 몰랐습니다.

있을 수 없는 인간 공출(供出)

우리들 가운데 산에 풀을 베러 갔다가 끌려온 사람도 있고, 물길으러 나왔다가 끌려온 경우도 있고, 학교에서 공부하다 끌려온 사람도 있습니다. 간혹 집 안에서 일을 하다 끌려온 사람도 있지요. 여러 가지 의미에서 자기 발로 온 것이 아니고 난데없이 끌려온 것입니다. 남자 여자 가릴 것 없이 많은 사람이 끌려갔어요. 곡물 공출도 있었어요. 곡물은 국가에서 공출해 가는 경우가 있지만, 인간 공출이라니 있을 수 없는 일입니다. 우리들은 (어떤 의미에서) 인간이 공출된 것입니다. 남자는 끌려가서 강제 노역하는 군인이 되었고, 여성은 '위안부'로 내동댕이쳐졌습니다. 일본인 군대가 있는 곳이면 어디나 '위안부'가 있었어요. 일본은 조선의 소녀들을 강제로 끌고가 놓고 "그런 일 없었다"고 끊임없이 거짓말을 하고 있습니다.

이렇게 끌려가 도문에서 하룻밤을 잤지만 별로 먹은 것이 없어 허기져 있었습니다. 일본인 병사들은 식당에서 맛있어 보이는 반찬으로 밥을 먹고 있었지요. 하지만 우리들은 허기에 지쳐 있었고 끌려올 때 입었던 여름옷 그대로라 너무도 추웠어요. 6명이었는데 그 중 4명은 다른 곳으로 보내졌고 나를 포함해 2명은 다시 기차에 태워져 어디론가 끌려갔지요.

무시무시하게 불에 탄 개의 사체

기차를 타고 끌려간 곳은 연길(延吉)이라는 곳이었어요. 연길에 도착하여 동(東)비행장 안에서 육체 노동을 했어요. 그곳은 전기가 흐르는 철선으로 에워싸여 있어 도망갈 수 없었고, 도망가려고 몇 번 시도했지만 전깃줄이 무서웠습니다. 불에 그을린 개의 사체가 놓여 있을 때도 있었어요. 강제로 일을 시키고 돈은 전혀 주지 않았어요.

이렇게 전기가 흐르는 전선이 둘러쳐진 곳에 가둬 놓고 강제로 일을 시켰습니다. 군인들이 망을 보고 있어서 도망가고 싶어도 도망갈 수 없었고, 죽고 싶어도 죽을 수도 없는 상황이었어요. 입고 있는 옷도 끌려올 때 입었던 여름옷이고 양말도 신지 않았어요. 일을 시켜 놓곤 못한다고 매번 군홧발로 차여 몸 여기저기 피멍이 든 상태로 보내야 했지요. 죽고 싶어도 죽지 못하고 도망가고 싶어도 도망갈 수 없었어요. 이러한 상황에서 일해야 했지요. 하지만 일본인들은 우리가 돈벌러 '위안소'로 간 것이 아닌가 하고 말하곤 합니다. 그런데 이 일은 어찌된 일인지 되묻고 싶습니다.

끌고 가서 제대로 먹을 것도 주지 않고 이따금 밀가루로 만든 만두 한 개를 주었어요. 아직 나이 어린 성장기라 밀가루로 만든 만두 하나로는 늘 배가 고팠습니다. 너무도 춥고 군홧발로 차이면서 일을 해야 했고, 일도 너무 바빴으므로 몸은 늘 녹초가 되었지요. 일은 바빴지만 밤에 모두 모여 어떻게 하면 도망갈 수 있는지 토론, 의논도 했고 도망가기 위한 시도도 몇 번 했습니다. 하지만 도망가야지 생각하면 전선에 닿아 불에 탄 개의 사체가 있었고 보기만 해도 무서워 도망갈 용기조차 사라졌어요.

강제 노동에서 '위안소'로

일도 너무 바쁘고 도망가지도 못했지만 열심히 저항했습니다. 주먹으로 벽을 치거나 물을 뿌리며 저항하니 군인들이 달려와 나를 어디론가 끌고 갔습니다. 그때 나는 이제 집으로 돌아가겠구나 생각하며 기뻐했어요. 날아오를 듯이 기뻤습니다. 하지만 그리운 집이 아니라, 그때 들어간 곳이 '위안소'였어요. 그 시점부터 '위안소' 생활을 하게 되었어요. 나는 '위안소'가 무슨 일을 하는지 곳인지 모른 채 끌려갔습니다. 내 모습은 멍 투성이였고 복장은 더럽고 진흙투성이였어요. 머리카락도 더러웠어요. '위안소'에 끌려가자 '위안소' 주인은 이렇게 더러운 꼴로 '위안부' 일을 시킬 수 없다며, 주인의 돈으로 옷과 양말, 신발을 사주었어요. 가진 돈이 없었으므로 그 물건들은 그저 주는 것이라 생각했지요. 하지만 너희들이 돈이 없으니 대신 사주는 것이고, 앞으로 '위안부' 일을 하며 갚으라고 했어요. 그러나 그 돈을 갚으려 해도 전혀 돈을 받은 적이 없으니 갚을 길이 없었지요.

그 당시 열셋에서 열다섯 나이의 우리들은 강제로 끌려가 '위안부'가 되었고, 하루에 4,50명에 이르는 군인을 상대해야 했습니다. 고분고분 말을 듣지 않거나, 말을 못 알아듣는 사람은, 남들이 보는 앞에서 칼로 찔렀어요. 그래도 말을 듣지 않으면 칼로 베어 죽이기도 했어요. 우리들이 보고 있는 자리에서 그 사람을 칼로 베어 죽이고 죽은 사람을 묻지 않고 내다 버렸지요. 개의 먹이나 되라고 내다 버렸어요. 이토록 분하고 원통한 일이 또 있다고 생각하십니까?

일본도(日本刀)로 찔렀다

군인들은 지금 이 자리에서 도저히 말할 수 없는 일까지 시켰어요. 그러나 우리들이 시키는 것을 듣지 않으면 칼로 몸을 긋거나 찌르기도 했지요. 어느 날 소위가 찾아와 싫다는 내게 억지로 상대하게 했으므로, 반항하자 나를 심하게 때리기 시작했어요. 기력을 잃고 쓰러질 때까지 때렸어요. 그래도 내가 시키는 말을 듣지 않자 칼로 내 몸을 그었지요(오른발의 칼로 베인 상처를 보여준다). 지금 본 것과 같은 상처가 내 몸에 많이 나 있습니다. 이토록 참담한 꼴을 당했는데, 우리들이 자기의 의지로 '위안소'로 갔을까요? 그런데도 일본인은 우리들이 돈벌이를 위해 자기 발로 간 것이라고 말도 안 되는 말을 하고 있습니다. '위안소'에서 무슨 일을 하는지, 군인과 놀아 본 적도, 말을 나눈 적도 없이 '위안부'가 되었는데, 자기 발로 갔다니 당치도 않습니다. 말을 하려 해도 통하지도 않고, 칼로 베이고 찔리면서 폭력이 (강간이) 행해지는 곳인지조차 몰랐는데, 일본인은 자기 발로 갔다고, 돈벌이를 위해, 매춘을 하기 위해 자기 발로 갔다고 말하고 있습니다. 생각조차 할 수 없는 일입니다.

도망가다 잡혀오고 구타당하고

하루하루 지옥보다 더한 고통을 겪으며 이렇게 살아갈 수도 없고, 부모도 형제도 친척도 만날 수 없고, 이러다 죽을지도 몰라 한 번 기회를 엿보아 도망을 했습니다. 도망가려 해도 도망 갈 수 없었지만, 어느 날 기회를 틈타 도망을 시도했어요. '위안소' 마당은 매우 넓고, 평일은 군인들이 그리 많이 오지 않아 마당에 군인이 전부 들어와 있었지요. 하지만 군인들이 쉬는 주말이 되면 많은 군인이 찾아와 마당을 가득 메웠고, 문을 활짝 열어 놓고 바깥까지 줄이 이어졌어요. 많은 사람이 줄지어 있는 틈을 이용하여 한 번 도망을 시도했어요. 도망쳐 바깥으로 나왔는데 수중에 가진 돈 한 푼 없이, 허기진 상태로 넓은 중국 안에서 길도 모른 채 헤매고 다녔어요. 도망다니며 여기저기 길을 헤매다 군인에게 들켜 '위안소'로 다시 잡혀갔어요. 도망가지 못하고 잡혀가 험한 꼴을 당했어요. 군홧발로 차고 또 차면서 "또 달아나겠는가?" 하고 물었어요. 나는 당신들이 또 이렇게 심하게 대하는데 어떻게 도망가지 않을 수 있겠는가 생각하며, "또 도망가겠다"고 했어요. "또 도망가겠다고?" 하며 다시 군홧발로 찼어요. 그래도 항복하지 않자 이번에는 헌병을 불러 때리고 발로 찼어요. 헌병의 구타 방법은 악랄하기로 유명했지요. 보통 구타 방법이 아니라, 인간 취급을 해주는, 법률을 위반한 사람에 대한 벌로서의 구타가 아니라, "조선인은 죽여야 한다!"며 심하게 구타를 했습니다.

나의 전쟁은 끝나지 않았다

열다섯에 중국으로 끌려가 50년 후 2000년이 되어서야 겨우 한국으로 돌아왔지만, 아버지 어머니는 이미 저 세상 사람이 되셨고 친척도 하나 남지 않았어요. 나 자신도 사망신고가 되어 국적도 없는 상태였지요. 일본군 '위안부'였던 사람에게 약간의 돈을 주었다고 해서, 매춘이라는 형태로 돈벌이를 위해 '위안소'에 갔던 것이 아닌가 하고 말하는 사람도 있습니다. 한 시간당 얼마라는 형태로 돈을 주게 되어 있지만, 그 돈은 곧 관리인에게 건네졌고, 우리들이 받은 것이라곤 이런 작은 종이 조각 한 장뿐이었습니다. 돈벌러 갔다는 말은 당치도 않습니다. 일본인들은 어째서 그런 식으로 말하고, 죄를 범한 기록을 내놓지 않는지 나는 묻고 싶습니다. 나를 '위안부'로 끌고 가서 강제 노동을 시키고 '위안소'로 보냈다면 나에 관한 기록이 있을 것입니다. '위안소'에 있을 때 일본인 '도모꼬'라는 이름도 있으니 그러한 기록이 남아 있겠지요. 기록은 분명 일본의 군대와 부대에 보관되어 있을 터인데, 다만 기록을 내놓지 않을 뿐입니다. 분명 학생들은 기록이 불태워졌다고 들었겠지만, 어딘가에 남아 있을 그 기록을 내놓기 바랍니다. 일본은 왜 숨기려고만 합니까? 60년이 지난 지금도 나의 전쟁은 끝나지 않았습니다.

어째서 죄를 인정하지 않는가

나는 전쟁이 끝난지도 모른 채 버려졌습니다. 그로부터 55년 동안 한국에 돌아오지 못했습니다. 전쟁이 끝나고 60년이 넘게 지났는데 일본은 지금 무엇을 하고 있는 것일까요. 할머니들이 모두 죽기를 기다리고 있는 것입니까. 할머니들은 이미 여든이 넘었고, 아흔이 넘은 사람도 있습니다. 올해에도 17명의 할머니가 사망했습니다. 할머니들이 죽고 없어지면 일본인의 죄도 없어진다고 생각하고 있는가요. 자신들의 죄에 대해 할머니에게 사죄해야 한다고 생각합니다. 어째서 사죄하지 않는가요. 일본 정부는 돈으로 배상하지도 하지 않고 있습니다. 일본은 돈이 없습니까. 그렇지 않겠지요. 지금 분명 일본은 우리들에게 배상하지 않고, 그 돈으로 새로운 전쟁을 하기 위한 준비라도 하고 있는 것입니까. 나를 포함하여 나눔의 집 사람들에게 배상하기 바랍니다. 나의 경우 나눔의 집이 없었다면 어떻게 살았을지 끔찍합니다. 귀국 당시 호적도 없었고 양친을 포함하여 형제자매 모두 죽고 없었습니다. 호적을 회복하고 싶었지만 회복할 수도 없었어요. 나를 이런 지경에 빠트려 놓고 이산가족을 만들어 놓은 일본 사람들은 어째서 자신들의 죄를 인정하지 않는 것일까요.

평화의 길을 걷기 바란다

할머니들은 일본의 개보다 못한 신분입니다. 일본 사람이 키우는 개가 훨씬 행복하다고 생각합니다. 일본의 가정에서는 개가 죽으면 꼭 자기의 가족, 우리들의 개라는 형태로 묘까지 만든다고 합니다. 하지만 할머니들에게는 어떻게 했습니까. 도대체 몇 명의 할머니들이 죽었다고 생각하십니까. 몇십만 명이 죽어갔습니다. 할머니들은 묘도 없이 죽어갔습니다. 일본은 어째서 과거의 역사를 인정하지 않고, 사죄도 하지 않는 것인지. 일본의 역사를 생각해 보기 바랍니다. 또 최근 일본의 사정을 살펴보기 바랍니다. 요즈음 일본의 학교에서 학생을 강간하거나 온갖 나쁜 일들이 일어나고 있지 않습니까. 일본인 남성이란 어떤 사람들인지 곰곰이 생각해 보기 바랍니다. 한편 일본에서 살고 있는 재일조선인 학생의 일인데, 조선인이라는 이유로 박해당하고 있지 않습니까. 일본에서 태어나 자랐으면 동등한 권리를 주어야 마땅하지 않습니까. 일본인과 동등한 권리조차 주지 않는 것은 재일조선인을 심하게 멸시하는 것이 아닌가 묻고 싶습니다. 이러한 이야기까지 포함하여 전쟁과 평화를 생각하기 바랍니다. 끊임없이 전쟁할 궁리만 하지 말고 평화의 길을 걷기 바랍니다. 평화의 길을 걸어가기 위해서라도 애써 주기 바랍니다.

거짓말 같은 건 하지 않았는데

아직도 '위안부'로 끌려간 많은 할머니들이 중국에 남겨져 있습니다. 해방을 맞이했는지도 모른 채 돈도 없고 길도 몰라 그곳에 머물러 있습니다. 그곳에서 너무도 고통스럽게 생활하고 있습니다. 마찬가지로 근로봉공대(勤勞奉公隊)로 중국에 온 한국인과 결혼하여 가정을 꾸리거나, 중국인 남성과 가정을 꾸리며 지금껏 살고 있습니다. 해방을 맞이한 후 일본의 군인들은 자기들만 일본으로 돌아갔습니다. 끌고 올 때는 강제로 '위안부'로 끌어다 놓고, 돌아갈 때는 할머니를 그곳에 내버려둔 채 자기들만 도망치듯 돌아가 버렸습니다. 그러한 이유로 '위안부' 생활을 한 할머니들은 아직도 중국에 많이 남아 있습니다. 할머니들을 끌고 갈 때 강제로 끌고 갔던 것처럼, 지금 데리고 돌아오는 것도 일본정부가 해야 할 일이 아닌가요. 일본정부는 우리들이 거짓말을 하고 있다고, 무슨 말을 하는 것이냐며, 그런 사실 없다며 역사를 속이고 있지만, 우리가 거짓말을 할 이유가 어디 있습니까. 거짓말이라면 나의 이 상처는 어떤 식으로 설명하면 좋겠습니까.

또한 할머니들이 자신의 명예를 회복하고자 활동하고 있는 수요시위 같은 운동에 가면, 어떤 식인가 하면 뒤에서 손가락질하면서 저 사람들이 '위안부' 래, 저 사람들은 지금 정신이 돌았대 하는 식으로 말하곤 합니다. 내가 정신이상자처럼 보입니까. 정신이 돌았다면, 치매에 걸렸다면 어떻게 이런 곳에 와서 이런 증언을 할 수 있겠습니까. 내가 거짓말을 한다고 생각하십니까. 이 자리에 모이신 여러분도 생각해 보기 바랍니다. 과연 여러분에게 책임이 없는지. 여기 모인 여러분에게도 우리들 할머니, 나눔의 집 할머니들의 문제에 대해 해결을 찾아야 할 책임이 있지 않을까요.

한 사람 한 사람에게 해결에 대한 책임이 있다

그저 돈을 달라고 하는 말이 아닙니다. 여러분이 책임을 갖고 우리들의 문제가 해결될 수 있도록 힘을 모아 주기 바랍니다. 나를 응원해 주기 바랍니다. 여기 모이신 여러분 한 사람 한 사람이 책임을 느끼고 우리들을 응원해 주는 것이, 우리들의 문제 해결에 한 걸음 가까이 가는 길이 아닐까요.

일본은 한국을 무력으로 침략하여 36년간이나 지배했습니다. 피눈물을 흘리며 살아야 했습니다. 그 36년간의 지배는 피로 얼룩진 지배이며, 해방을 맞이하고 60년이 지난 지금도 일본은 자신들이 행한 악행을 사죄하지 않고 있습니다. 일본은 과연 얼마를 보상할 수 있다고 생각하십니까. 36년간 피로 얼룩진 역사를 도대체 얼마나 보상할 수 있다고 생각하십니까. 그것을 돈으로 환산할 수 있다고 생각하십니까. 일본 정부는 할머니들 앞에 와 무릎꿇고 사죄해야 합니다. 돈으로 환산할 수 없는 것입니다. 적어도 할머니들 앞에 와서 무릎꿇고 사죄하기 바랍니다. 36년간 흘린 피에 대한 배상을 해야 한다고 생각합니다.

나는 중국에서 58년간 힘겨운 생활을 해야 했습니다. 산에 올라가 목을 매고 자살을 시도한 적도 있고, 약을 먹은 적도 있습니다. 결국 죽지 못했지만, 이런 나의 역사는 너무도 비참합니다. 조선인도 일본인도 인간이기는 마찬가지입니다. 일본 사람은 양심이 있다면 사죄해야 하고, 보상해야 합니다. 할머니들이 죽기를 기다리고 있는가요. 할머니들이 죽을 때까지 기다리고 있는가요. 듣고 싶습니다. 할머니들은 대부분 나이 먹어 고령이 되었습니다. 할머니들이 죽기를 기다리고 있는 것이 아니라면 하루라도 빨리 그 할머니들의 '한'을 풀어 준다는 의미에서 배상해야 한다고 나는 생각합니다. 그렇게 되기 위해 이 자리에 모인 여러분 한 사람 한 사람에게 해결의 책임이 있다고 말하고 있는 것입니다. 우리들을 응원해 주기 바랍니다. 투쟁해 주기 바랍니다. 보상하기 바랍니다. 보상해 주십시오.

학생들과 함께 배운 '위안부' 문제

이시카와 야스히로 (石川康宏)

2005년 9월 13일, 〈나눔의 집〉에서
할머니의 증언을 듣는 세미나 학생들

이 문제와의 만남

나와 '위안부' 문제와의 본격적인 만남은 2004년 2월의 일이다. 4학년 졸업여행으로 한국에 갔을 때 자유시간을 이용하여 아내와 함께 〈나눔의 집〉을 방문한 것이 처음이다. 간사이〔關西〕 국제공항에서 한국으로 갔는데, 미리 지도를 찬찬히 살펴보니 오사카에서는 삿포로보다 평양 쪽이 가깝다고 되어 있다. 우리들이 도착한 곳은 그보다 훨씬 남쪽인 서울이었다. 사실 남한과 북한, 그들과 일본의 관계 등에 대해서는 누구나 좀 더 많이 알고 있을 것이다.

〈나눔의 집〉이란 예전 일본군 '위안부' 피해자들이 10명 남짓 함께 생활하는 곳이다. 또 부설 〈일본군 '위안부' 역사관〉은 기록과 기억의 장소이기도 하다. 더욱이 여러 가지 의미에서 '위안부' 문제 해결을 위한 투쟁의 거점이 되고 있는 곳이기도 하다. 이때는 야지마 츠카사〔矢嶋宰〕 씨(〈나눔의 집〉〈일본군 '위안부' 역사관〉의 스태프)의 해설을 들으면서 〈일본군 '위안부' 역사관〉을 두 시간 가량 견학했다. 내게 그 시간은 아주 깊이 있고 의미 있었는데, "'위안부' 문제가 이렇게까지 잔혹한 문제였는가" 하는 강렬한 충격을 받았다. 동시에 '이토록 중대한 일을 정확히 모르고 살아온' 나 자신에 대해 깊은 낙담을 느끼기까지 했다.

그때까지 나는 '위안부' 문제를 전혀 모르지는 않았다. 하지만 지금 되돌아보면 그에 대한 지식은 깊이가 얕았고 그저 글자만을 쫓았을 뿐이다. 이때 역사관에서 가장 소중하게 배웠던 점은, 문제를 조금이나마 내 몸으로 체득할 수 있었던 데 있다. '요금표' 등의 사료를 직접 보고, 재현해 놓은 좁고 무겁게 짓누르는 '위안소' 방에 들어가 군대가 배급했던 콘돔과 피해자들이 몸을 씻던 쇠대야를 보았다. 일찍이 일본군 '위안부'들의 처참하리만치 고통스러웠던 생활상을 싫어도 몸으로 직접 느낄 수밖에 없었다. '만약 이 일이 나에게 일어났다면……' 그렇게 생각하니 남자인 나로서도 몸이 부르르 떨릴 만큼 공포스러웠다.

충격을 딛고 어떻게 마주 볼 것인가

동시에 이 체험은 그때까지 살아온 내 삶의 방식을 되묻는 힘이 되었다. 나는 젊은 시절부터 일본의 정치에 깊은 관심을 갖고 있었다. 일본 정치가 떠맡고 있는 커다란 과제에 대해 대부분 알고 있다고 생각해 왔다. 그러나 강렬한 힘으로 '역사관'이 내게 가르쳐 준 사실은 그때까지 전혀 나의 이해가 미치지 않았던 문제였다. 좀더 나은 미래를 향해 일본 사회가 나아가야 할 방향에 대해 생각하고 있던 나의 시야를 본격적으로 재조정해야 함을 요구하는 체험이기도 했다. 그때 '역사관'에서 쓴 메모는 대략 4천 자에 달했다.

예정 시간을 끝내고 돌아오는 자동차에 오르려 할 때, 한 할머니가(할머니란 경의를 담아 부르는 한국어로, 이 경우는 옛날 일본군 '위안부' 피해자 분들을 가리킨다) 생글생글 웃으면서 다가왔다. 일부러 인사를 하러 나와 주신 모양이다. 하지만 나는 할머니와 눈을 마주칠 수가 없었다. 나는 눈앞에 서 있는 할머니가 그토록 모진 세월을 살게 만든 가해국의 인간이다. 가해국의 정치혁신을 소리 높여 외치면서도 할머니들의 일에 대해 전혀 무관심하게 살아온 인간이었다. 정말 배겨낼 수 없는 생각이 들어 할머니에게 아주 무뚝뚝하게 대했던 것으로 기억된다. 너무도 죄송스러운 일이었다.

그날 일기는 다음과 같다. '학자로서 나는 무엇을 할 수 있을까?' '현대 일본의 성(gender)분석을 과제로 삼은 3학년 세미나에서, 이것을 어떻게 활용할 수 있을까?' 아마 그때 진지하게 생각하고 있던 것은, '학자'와 '세미나' 운영 같은 문제 이전에, 그보다 근본적인 '사람'이 살아가는 삶의 문제로서 나 자신이 이 충격을 어떻게 헤쳐나갈 것인가 하는 점이었다.

학생과 같은 시선으로 배워 갔다

결국 4월부터 3학년 세미나의 주요 테마를 '위안부' 문제로 변경하는 형태로 나타났다. 2004년 세미나의 테마는 '경제·사회에 있어서 여성의 지위'였다. 좀더 구체적으로 말하면 전후 일본 여성의 노동과 주부의 사회적 지위에 초점을 맞출 예정이었다. 그 세미나 주제를 '위안부' 문제로 바꿔 버렸으므로 상당한 무리가 뒤따랐던 것도 사실이다. 이때 함께했던 3학년 학생들은 1년 후 정리된 《할머니로부터의 숙제》(冬弓舍, 2005년)에 다음과 같이 서술하고 있다.

"우리들은 '위안부' 문제를 잘 알고 세미나에 모인 것이 아닙니다. 세미나에 들어와 처음으로 '위안부'란 말을 알게 된 학생도 있을 정도였습니다." "선생님께서 〈나눔의 집〉으로 세미나를 하러 가고 싶다고 제안하셨을 때도, 우리들은 그것이 뭔지 실감조차 하지 못하고 있었습니다."(4쪽)

이 세미나의 주제 변경은 교사인 나로서도 적지 않은 모험을 의미했다. 침략 전쟁의 역사, 공창제(公娼制)를 두고 있던 전쟁 이전·전쟁중 일본의 남녀 관계, 아시아인에 대한 심각한 멸시, 식민지 지배의 실태, 천황제와 천황의 전쟁 책임 등, 나 자신이 기초부터 배워야 할 주제가 많이 있었기 때문이다. 게다가 그것은 그때까지 내가 연구대상으로 삼았던 영역과는 직접적인 관련이 전혀 없는 주제였다. "끝까지 알아야 한다"는 굳은 결심이 이 대담한 주제 변경의 원동력이 되었다.

그런 식이었으니 4월부터 시작한 세미나에서 나는 학생들에게 많은 것을 가르칠 힘이 없었다. 할 수 있는 일은 고작 학생들과 함께 배워 가는 것뿐, 내가 '모르는 것' '알고 싶은 것'을 매회 세미나에서 학생들에게 솔직하게 전하는 것뿐이었다. 결과적으로 세미나는 지난해까지 '가르치는 세미나'에서 '함께 배우는 세미나'로 바뀌어 버렸다.

당초의 불안을 불식시키고 세미나는 열기를 띠기 시작했다. "학습이 깊어감에 따라 우리들 [세미나 학생]의 태도는 바뀌었습니다. 일본이 예전에 '위안부'에 대해 행했던 가혹한 처사. 또 그 행위를 사죄하지 않는 현재 일본 본연의 모습. 그것은 '사람이 할 짓이 아니다'라고 생각하게 되었습니다."(전게서, 4쪽) 그때까지 고작해야 두 시간 정도였던 매주 세미나 시간이 짧으면 세 시간, 길면 다섯 시간으로 바뀌어 간 것도 이 무렵부터이다. 꼭 알아야 할 것, 알아야만 할 것이 많았고, '위안부' 문제가 논자에 따라 상당히 의견 차이를 보이는 커다란 '논쟁거리'라는 문제가 여기에 더해졌다.

'위안부' 문제에 대하여

가장 기본적인 '위안부' 문제점을 소개한다. 이것은 우리들이 매주 세미나에서 조금씩 배웠던 내용이기도 하다.

일찍이 침략 전쟁에서 일본군은 전쟁터에서 병사들의 성욕 '처리'를 목적으로, 수만에서 수십만의 젊은 여성을 유괴, 감금하고 강간했다. 이 피해자가 '위안부'로 불렸던 여성들로, 그녀들이 감금되고, 강간당했던 장소가 '위안소'로 불리는 곳이었다. 물론 이것을 '위안'으로 보는 것은 군대와 정부, 그리고 강간한 남자들의 일방적인 시선이며, 강간당한 여성들의 입장에서 보면 그것은 필설로 옮기기 어려운 능욕의 행위였을 뿐이다. 그러므로 국제연합 등에서는 그 실태를 좀더 정확하게 표현하는 용어로서 '위안부'를 성노예, '위안소'를 강간센터라 부르기도 한다.

군대의 공적 자료로 확인된 최초의 일본군 '위안소'는 1932년 상해에 만들어졌다. 32란 일본이 중국의 동북부 지역에 '만주국'이라는 일본의 식민지 '국가'를 날조했던 해이다. 그해는 일본군이 대대적으로 중국 침략을 확대하기 시작한 최초의 시기라 해도 좋을 것이다. '위안부' 피해자의 수가 수만에서 수십만으로 확실치 않은 것은, 패전 당시 정부와 군대가 관계 서류를 불태워 버렸기 때문이다. 증거 인멸의 수법을 썼다. 그리하여 스스로 증거를 감추려 한 것은 죄를 자각하고 있었기 때문일지도 모른다.

강제로 '위안부'가 된 피해자는 일본의 식민지였던 조선의 여성이 많이 포함되었다. 그러나 '민족별'로 피해자의 실태를 살펴보면 일본인·조선인·대만인·중국인·필리핀인·인도네시아인·베트남인·미얀마인·네덜란드인 등으로 확대된다. '위안소'는 일본의 침략의 발길이 미쳤던 모든 지역에 만들어졌다. 각국의 공적문서로 확인되는 바, 당시 지명으로 중국, 홍콩, 마카오, 프랑스령 인도네시아, 필리핀, 말레이시아, 싱가포르, 영국령 보르네오, 네덜란드령 동인도, 미얀마, 타이, 동부 뉴기니아 지구, 오키나와〔沖繩〕제도, 오가사와라〔小笠原〕제도, 홋카이도〔北海道〕, 치시마〔千島〕열도, 사할린 등이 확인되고 있다. 이 외에도 혼슈〔本州〕와 큐슈〔九州〕를 포함하여 많은 지역에 '위안소'가 설치되어 있었다. 피해자 중에는 10대 전반의 어린이도 포함되었다. 피해 여성들의 증언에 의하면, 많은 날은 하루 60명의 일본 병사에게 강간당했다는 이야기도 나오고 있다. 나도, 세 번이나 각기 다른 피해자에게 이야기를 들을 기회가 있었는데, 역시 많은 날에는 수십 명을 상대해야 했다는 말이 나왔다. 실로 참혹한 이야기이다.

정부와 군대가 직접 만든 성폭행 제도

일본군 '위안부' 문제를 둘러싼 기본적인 논쟁의 하나는, 이 제도를 만들고 운영했던 것이 민간업자였는가, 그렇지 않으면 당시의 정부와 군대 자체였는가 하는 문제이다. 그러나 '위안소'의 건설과 운영, '위안부'의 수송과 조달에 관한 군대 문서가 발견되었는데(요컨대 전쟁이 끝났을 때 1백 퍼센트 모든 증거가 불태워졌던 것은 아니었다) 일본군 '위안부' 제도의 실제 운영자는 정부와 군이라는 것은 이미 확인된 사실이다. '민간업자가 했다'고 주장하는 책자도 많이 나와 있지만, 무엇을 근거로 그렇게 말하는지 명쾌하게 제시한 문헌은 없다. 오히려 많은 증거 문서를 전혀 다루지 않고, 자기의 생각을 독단적으로 반복하고 있는 경우가 많은 것 같다:

이러한 증거 문서는 요시미 요시아키〔吉見義明〕편《종군위안부 자료집(從軍慰安婦資料集)》(大月書店, 1992년)이라는 두터운 책에도 정리되어 있으며, 새삼스럽게 일본 정부도 '위안부' 문제가 국가의 공식 방침에 의거한 것임을 부정할 수 없게 되었다. 1993년 8월 4일에는 당시 고노 료헤이〔河野洋平〕관방장관이 정부를 대표하여 '위안부' 문제에 대한 담화를 발표했다. 그것은 '위안소'의 설치·관리, 위안부의 수송에 대해 일본군이 '직접 혹은 간접적으로 이에 관여'했다는 것을 확실히 인정한 것이다.

한편 '위안부'는 일방적인 성폭행의 희생자인가, 혹은 돈벌이를 위해 스스로 '매춘'을 행한 사람인가 하는 점도 기본적인 논쟁거리의 하나이다. 조사해 보면 확실히 '매춘'을 자각하고 '위안소'로 향해 간 사람도 없지는 않다. 그러나 알려진 범위에서 말하면, '위안부'의 압도적 다수는 본인의 동의 없이 거부할 수 없는 성폭행을 지속적으로 강요당하는 입장에 처했던 사람들이다. '매춘'을 자각하고 있던 사람에 대해서도, '위안소'로 가기 전에 그곳이 당시의 '유곽'을 훨씬 웃도는, 도망갈 수 없는 가혹한 감옥임을 어디까지 알고 있었는가 하는 문제가 남는다. "총을 겨누며 강요하지 않았다"고 말하는 사람도 있지만, 우격다짐으로 차에 태워도, "어머니가 사고를 당했다"는 말로 속여도, 유괴는 유괴일 뿐 그 사실은 변하지 않는다. 또 총을 겨누었든, 좋은 말로 꼬드김에 속아넘어갔든 '위안부'가 되는 것에 동의하지 않았던 것은 분명한 사실이다.

지난번 고노 관방장관의 담화도 '위안부'의 '모집'에 대해, "감언, 강압에 의하는 등 본인들의 의사에 상관없이 모집된 사례가 다수 있다" "관헌 등이 직접 여기에 가담한 적도 있었다"라고 인정한 것으로 되어 있다. '감언'이란 상대의 마음을 홀리는 교묘한 말을 뜻하며 '관헌'이란 당시 일본의 경찰관 등 정부 공무원을 말한다.

몇 가지 속임수에 대한 논의에 대하여

이와 관련하여 "전쟁에서 성폭력은 늘 따라다니게 마련이다"라는 궁색한 논의도 자주 거론되곤 한다. 하지만 조사해 보면, 어떤 전쟁에서든 자기 나라의 병사에게 성폭력을 권장하는 군대와 정부는 극소수에 불과하다. 오히려 성폭력을 금지하는 군대와 정부가 다수 있었다. 물론 금지했다고 해서 모든 병사가 규칙을 지키지는 않았을 것이다. 하지만 정부와 군 자체가 군내부에 성폭력 제도와 시설을 만든다는 방침을 세우고 대대적으로 실행했다는 점에서, 또 그 규모와 희생의 크기에서 일본의 행위는 같은 전쟁을 행한 다른 국가와 비교가 되지 않을 정도로 심각한 편이다.

"그렇게 괴로우면 '위안소'에서 달아나면 되지 않은가" "달아나지 않은 것은 동의했던 것이다"라는 논의도 있다. 그러나 유괴의 피해자가 도망가지 않았다는 이유 때문에 피해자가 아니라는 논의는 성립되지 않는다. 실제 '위안소'는 도망가는 것이 쉽사리 허용되는 장소가 아니었다. '위안소'에는 언제나 감시의 눈이 있었다. 감시자들은 어김없이 총을 들고 있었다. 또 만의 하나 용케 감시의 눈을 피해 도망칠 수 있었다 해도 수중에 돈이 없었다. 먹을 것도 없었다. 더욱이 언어도 모르고 자기가 어디에 와 있는지, 어디로 달아나면 좋은지조차도 몰랐다.

이 '위안소'에서 이루어진 엄격한 군대의 감시에 대해서도 이미 정부는 인정하고 있다. 고노 담화를 행한 그날, 정부가 발표한 문서 〈모든 종군위안부 문제에 대하여〉는 "위안부들은 전쟁터에서 늘 군의 관리하에서 군대와 함께 행동했고, 자유도 없이 비참한 생활을 강요당한 것은 명백한 사실이다"라고 쓰여 있다.

요컨대 이젠 '위안부' 문제 따위는 존재하지 않는다는 말은 그 어디에서도 통용되지 않는 말이다.

전쟁이 끝나도 마음의 평화는 찾아오지 않아
할머니들의 증언에서 '위안소' 생활을 '지옥' '악몽'이었다는 말을 자주 들었다. 그 고통은 '말로 표현할 수 없다'고 한다. 참으로 그말 그대로였을 것이다. '위안부' 중에는 감시의 눈을 피해 자살한 사람도 있다. 자살하려 했지만 죽지 못한 사람도 있다. "시키는 말을 듣지 않는다"는 이유로 일본 병사에게 살해당한 자도 있다. 전쟁에 절망한 병사와 동반자살을 강요받은 자도 있다. 물론 전쟁의 와중이므로 포탄이나 총격에 죽어간 사람도 많을 것이다. 그리고 죽지 않는 한 끝없이 고통스러운 성폭행을 당해야 하는 나날이었다.

더욱이 이 비참한 생활과 고통은 전쟁이 종결되어도 끝나지 않았다. 필사적으로 살아남아 갖은 고초를 겪으며 고향으로 되돌아 올 수 있었다 해도(실제로 일본군은 패전의 순간에 많은 '위안부'를 살해하거나, 그 자리에 내버렸으므로, 살아서 고향으로 돌아오지 못한 사람이 더 많다) 가족과 만나 행복한 생활로 되돌아가지 못했다.

이미 몸의 여기저기가 고장났거나 아이를 낳지 못하는 몸이 되었거나, 남성에 대한 공포심으로 결혼하지 못하거나, 또 "일본인에게 더럽혀진 년'이라는 편견과 차별로 고통당해야 했다. 본인 스스로도 '더러운 인간'이라 여기며 자기 혐오의 감정으로 가책을 받아야 했다. 나라와 나라의 전쟁은 끝났어도 피해자들의 마음과 몸에 평화는 찾아오지 않았다. 전쟁이 끝난 후에도 절망과 후회를 끌어안은 채 수많은 일본군 위안부들이 죽어갔다. 비참하다는 말밖에 달리 표현할 길 없는 인생이었다. 그 인생을 그녀들에게 강요한 나라는 이 일본이었다.

문제는 아직도 해결되지 않았다

오랜 절망과 침묵 속에서 몸과 마음을 가두고 닫아왔던 피해자들이 일본정부의 사죄와 배상을 요구하며 용기를 내어 일어선 것이 1991년의 일이다. 본인이 '일본군 위안부'라고 처음 실명을 세상에 밝힌 김학순(金學順) 씨는 NHK 인터뷰에서 "일본군에게 짓밟혀 평생을 비참하게 살아온 내 인생이 하도 원통해서 어디 이야기라도 하고 싶었다. 일본과 한국의 젊은이들에게 일본이 과거에 행한 짓을 알리고 싶었다"고 말했다.

직접적인 고발의 계기는 이 문제에 대한 정부의 불성실한 태도 때문이었다. 김학순 씨 등이 일본군 위안부임을 밝히기 전해인 1990년, 일본정부는 국회에서 이렇게 말했다.

"종군위안부에 대하여 (…) 역시 민간업자들이 그 사람들을 데리고 군을 따라다니는 상황이었다고 할 수 있습니다." 이 말은 '위안부' 제도는 '민간업자'가 행한 일로 정부와 군에는 직접적인 책임이 없다고 속인 것이다.

계속해서 정부는 "솔직히 말씀드려서 이러한 실태에 대해 우리들이 조사해서 결과를 발표하기 어렵다고 생각합니다." 즉 사실 조사조차 하고 싶은 마음이 없다는 것이다. 이것이 불과 15년 정도 전, 즉 전후 45년이 지난 일본 정부의 공식 견해이며, 피해자들이 살아 있는 아시아를 향하여 이 나라가 발표한 실제 말이었다.

결국 김학순 씨의 고발 이후 많은 증거를 찾아냈고(이 점에서 앞의 《자료집》을 정리한 요시미〔吉見〕를 비롯해 많은 일본의 역사가가 중요한 역할을 담당했다), 일본정부는 고노 담화와 문서

"이른바 종군위안부 문제에 대하여"와 같은 견해를 표명하게 되었다.

고노 담화는 이러하다. '위안부' 문제에 대해서는 "당시 군의 관여하에 행해진 다수의 명예와 존엄을 깊이 손상한 문제였다." 일본군 '위안부' 분들에게 "마음으로부터 사죄와 반성의 마음을 갖는다." 이것은 그때까지 정부의 공식 견해를 크게 수정한 것이었다.

하지만 변화는 그것으로 그쳤다. 무엇보다 고노 담화 자체가 피해자 개인에 대한 보상을 행하지 않는다는 입장을 취했던 것이다. 게다가 정부는 '위안부' 문제에 관한 역사적 사실의 규명을 담화의 시점에서 중단해 버렸다. 이후 전쟁 범죄의 죄를 인정하는 것도, 그에 대한 사죄와 배상을 하는 것도, 재발 방지를 위한 조치를 취하는 것도 어떠한 행동도 취하지 않았다.

오히려 지금 일본의 정치 상황을 보면 사태는 제자리로 되돌아간 모습을 보이고 있다. 일본의 아시아에 행한 침략 전쟁을 '자존자위(自存自衛)의 전쟁' '아시아 해방을 위한 전쟁' 등, 일찍이 '대본영(大本營, 태평양 전쟁 때, 일본 천황의 직속으로 군대를 통솔하던 최고 통수부(統帥部). 1944년 7월에 최고 전쟁 지도 회의로 이름을 고침)'과 같은 역사관으로 선전하면서 '위안부' 제도를 추진한 A급 전범들을 '영령(英靈)'으로 모시고 제사 지내는 야스쿠니 신사[靖國神社]에 고이즈미 수상은 공식 참배를 반복하고 있다. 많은 '영령'들 속에는 '위안소' 이용자도 적지 않게 포함되어 있을 것이다. 또 정부는 야스쿠니 사관을 토대로 하는 '만드는 회' (새로운 역사를 만드는 모임)의 교과서를 두 번에 걸쳐 공인했다. 나아가 자민당은 침략 전쟁에 대한 반성의 일체를 삭제한 '신헌법초안'을 공표하고 있다. 고노 담화가 말하는 '사죄와 반성'은 정부 자신에 의해 이미 배반당했다.

'위안부' 문제와 우리들

대략적으로 살펴보았는데, 그리하여 우리들은 '위안부' 문제가 과거 역사의 문제일 뿐만 아니라, 무엇보다 과거를 직시하지 않고 남겨진 문제를 해결하려 하지 않는 현대의 문제라는 점에 이해를 깊이 했다. '위안소'를 만들고 성폭력을 반복한 자는 60년 전 일본인들이다. 그 진실을 시민의 눈에서 멀어지게 하고, 진실 규명에서 등을 돌리는 정부를 만들고, 늙고 병든 피해자에게 끊임없이 고통을 주는 정부를 만들고 있는 것은 지금 살아 있는 우리들이다. 우리들은 그와 같은 나라의 주권자라는 책임을 자각해야 한다.

이렇게 말하면 "이미 옛날 일이니 흐르는 물에 흘려 보내고 잊어버려라"고 말하는 사람도 있다. 그러나 "흐르는 물에 흘려 보내고 잊어버려라"란 말은 피해를 당한 피해자가 사죄해야 할 가해자에게 할 말이지, 거꾸로 가해자가 피해자에게 해서는 안 될 말이다.

또 "이마가 땅에 닿도록 사과만 하는 외교를 해서는 안 된다"고 하는 사람도 있다. 분명 무엇이든 사죄만으로 성실한 국가를 만들어 갈 수 없다. 하지만 '위안부' 문제에 대해 명백한 가해자인 이 일본은 언제, 어디서, 누구에게 '이마가 땅에 닿도

록 꿇어앉아 정중히 사과' 한 적이 있는가. 역사의 사실을 있는
그대로 인정하고, 반성할 것은 반성하고, 주장할 것은 주장해
야 한다. 그러한 자세를 취해야만 이 나라는 비로소 국제 사회
의 진정한 일원이 될 수 있는 것이 아닌가 생각한다.

꼭 배우기 원하는 세 권의 책

좀더 파고들어 배우고 싶은 분이라면 다음의 책을 꼭 읽어보
기 바란다. 젊은 여러분이 혼자 읽기 어려울지 모르지만, 친구
들끼리 그룹을 지어, 또 함께 읽어 줄 선생님과 어른을 찾아 꼭
읽어보기 바란다.

① 요시미 요시아키[吉見義明] 《종군위안부》(岩波新書,
1995년): 이 책은 '위안부' 문제를 배우는 데 필독서이다. 저자
요시미[吉見] 씨는 1991년 김학순 씨의 고소 이후, 군의 관계
자료를 신문에 발표하고, 정부가 '위안부' 문제에 깊이 관여했
음을 최초로 인정하게 하는 결정적인 계기를 만든 인물이기도
하다. 내용이 조금 어렵기는 하지만, 손바닥 크기의 책이므로
고등학생이라면 열심히 읽어낼 수 있다고 생각한다.

② 이시카와 야스히로[石川康宏] 세미나편 《할머니로부터
숙제[ハルモニからの宿題]》(冬弓舎, 2005년): 본서와 마찬가지
로 학생들이 '위안부' 문제를 배우고, 〈나눔의 집〉을 방문하고,
'수요시위'에 참가한 이야기, 또한 침략 전쟁의 경과와 전쟁에
대한 전후 반성의 문제점, 각종 논쟁을 포함한 '위안부' 문제
의 포인트를 정리한 내용이 담겨져 있다. 입문서로 권할 만한
도서이다.

③ 한중일 삼국 공통역사교재위원회 《미래를 여는 역사》(高文研, 2005년): 한국 · 중국 · 일본의 역사 인식의 차이점을 성실하게 사실에 맞추어 파고들어 이루어 낸 성과물이다. 첫머리에 "3년의 준비 기간 동안 서로의 의견이 다른 경우가 많았지만, 대화와 토론을 통해 역사 의식을 공유할 수 있게 되어, 지금 이 책을 세 나라에서 동시에 출판하게 되었습니다"라고 쓰여 있다. 한중일 3국의 근현대사를 배우는 데 가장 좋은 책이라 할 수 있다.

2004년, 2005년 세미나와 〈나눔의 집〉

화제를 세미나 착수 시점으로 돌아가 보자. 2004년 9월 6일부터 9일까지 우리들 세미나 팀은 처음 한국을 방문했다. "되도록 저렴하게 여행 계획을" 짰으므로 아무래도 일정은 빡빡했다. 첫날인 9월 6일 밤에 서울에 도착하여 불고기를 먹고 약간의 자유시간을 가진 후 시내에서 하룻밤을 묵었다.

다음날 7일은 아침부터 〈나눔의 집〉으로 이동했다. 먼저 '역사관'을 꼼꼼히 둘러보며 배우고 여기서 할머니의 증언을 처음으로 들었다. 학생들은 누구나 '가해국의 주권자'임을 자각하고 있어서 할머니와 만나는 데 상당한 용기가 필요했다. 그러나 "젊은 당신들에게 책임이 있다고 생각하지 않는다" "앞으로 일본과 아시아를 함께 바꿔 나가자"라는 할머니의 말은 너무도 따뜻했다. 긴장이 풀린 밤, 마당에서 몇 명의 할머니와 함께 돼지고기를 구워먹고, 생각지도 못했던 할머니와의 노래방 노래부르기 시간도 체험했다.

8일은 서울의 일본대사관 앞에서 시위하는 제623차 '수요시위'에 참가했다. 할머니들은 크지 않은 마이크로버스를 타고 한 시간 이상을 이동했다. 고령의 몸에 결코 쉬운 일은 아니다. 80명 남짓되는 참가자 앞에서 이런 집회에 처음 참가한 학생들이 긴장된 표정으로 "우리들도 사죄한다, 일본정부도 사죄하라"라고 한글로 쓴 팻말을 펼치고 마이크를 잡고 발언했다.

5개월 전에는 '위안부'라는 말을 들어본 적도 없는 학생도 있었지만, 불과 몇 개월 사이에 여학생들은 크게 자라 있었다. 저녁부터 겨우 마련한 자유시간을 갖고 9일 낮에 한국을 떠났다.

귀국 후에도 일에 매달렸다. "나눔의 집에 갔던 일을 자기만족과 자기 정화의 기회로 그쳐서는 안 된다"는 생각이 원동력이 되었다. 11월에는 〈일본군 '위안부' 문제를 생각한다 — 한국 방문의 소개를 중심으로〉라는 학내보고회를 열었다. 또 대학 당국에 많은 학생이 '위안부' 문제를 배울 수 있는 수업을 개설해 달라고 요청했고, 나아가 생생한 증언을 한 사람이라도 많은 학생에게 들려주기 위해 할머니를 대학에 초청해 줄 것을 요구했다.

이러한 활동과 병행하여 가을 이후 주요 테마가 된 것은 앞에서도 소개한 저서 《할머니로부터 숙제》의 제작이다. 학생들 전원이 좌담회를 열고 그 기록을 녹음하고 그것을 토대로 원고를 만들어 갔다. "선배인 4학년 학생들이 졸업하기 전에 출간하고 싶다"는 바람에서 작업은 연말연시에도 강행되어 예정대로 2005년 3월 졸업식에 맞추어 출판할 수 있었다. 이 책은 대학 예산으로 출판된 것으로, 같은 학과 학생들 전원에게 무료로 배포되었다. 졸업한 선배들에게는 졸업식 당일 전원에게 건네졌다. 이렇게 '위안부' 문제에 착수했던 우리들 세미나의 첫 번째 해가 끝났다.

어떤 텍스트도 자기의 머리로 읽어간다

이 책을 만들던 2005년 4월 시작한 3학년 학생 세미나는 '위안부' 문제를 테마로 학생 모집을 행한 최초의 세미나가 되었다. 이 해는 처음부터 매주 다섯 시간 세미나를 당연하게 받아들였다. 시간의 흐름을 따라 배우고 학습했던 경과를 소개하고자 한다.

먼저 3학년생 세미나가 정식으로 출발하기 직전 2-3월 봄방학에 레포트 작성 과제를 내주었다. 요시미 요시아키 《종군위안부》(岩波新書, 1995년), 후와 데츠조〔不破哲三〕《역사 교과서와 일본의 전쟁》(小學館, 2002年) 2권을 읽고, 내용을 요약해서 써내는 것이다. 두 권은 1만 2천 자 전후의 분량이다. 이 책이 세미나 개시 시점에서 참여 학생이 공유할 지적 출발점이 되었다.

4월부터 시작한 세미나는 먼저 선배들이 엮은 《할머니로부터 숙제》를 읽었다. 세미나는 먼저 텍스트를 읽고 그중 관심을 갖는 사항에 대해 스스로 조사하고, 조사해 온 것을 서로 보고하고 토론하는 형식이었다. 이 방법을 통해 배움의 주인공이 어디까지나 학생 자신이라는 점, 배움은 텍스트를 머리에 복사하는 것이 아니라는 점을 자연스럽게 몸으로 배워 익혀 나갔다.

그 결과 텍스트를 검토하는 최초의 세미나가 열린 4월 18일에는 적어도 한일기본조약, 인신매매, 교과서 문제, 관동대진재와 조선인 학살, 기생관광, 천황제, 쿠마라스와미(Ms. Radhika Coomaraswamy, 2003년 제네바에서 개최된 제59차 유엔인권위에 제출한 여성폭력에 관한 보고서) 보고서 등, '위안부' 문제와 관련된 중요한 테마가 학생들측에서 이야기되었다. 10여 명의 세미나 학생 전원이 1-2매의 요약문을 만들었으므로, 세미나할 때마다 모인 요약문의 수는 상당한 분량이 되었다.

5월 16일 '위안부' 문제는 없었다는 입장의 문헌을 검토했다. 새로운 역사 교과서를 만드는 모임 《새로운 일본의 역사가 시작되다〔新しい日本の歷史が始まる〕》(幻冬舍, 1997년)의 〈토론 《교과서를 만드는 모임》은 어떠한 교과서를 만들고 싶은가〉에 대해 검토했다.

그해는 문부과학성에 의한 교과서 검정과 더불어 각지에 교과서 채택을 권유했던 해이다. 때마침 〈새역모〉 교과서의 내용과 교과서 채택 방법은 대략적으로 어떻게 되어 가고 있는가 하는 점도 세미나를 열 때마다 화제로 삼았다.

6월 6일부터는 1개월에 걸쳐 〈새역모〉의 중심 멤버인 니시오 간지〔西尾幹二〕·후지오카 노부카츠〔藤岡信勝〕가 쓴 《국민의 부주의〔國民の油斷〕》(PHP연구소, 1996년)를 읽었다.

이 무렵 세미나는 텍스트 내용을 확인하고, "여기에 쓰여져 있는 것은 사실일까?" "이것은 어떤 의미일까" 등에 관해 모두가 함께 느낀 의문을 서로 이야기 나누며 그 문제를 학생들이

분담해서 조사한 다음, 다음 세미나에서 보고하고 서로 토론하는 방식을 취했다.

구체적으로는 ① 먼저 지난 회 세미나에서 제기된 의문점에 대해 학생들이 조사해 온 것을 보고하고, ② 그에 대한 토론이 한 차례 끝난 시점에서 텍스트 내용을 검토하고, ③ 마지막으로 다음 세미나까지 누가 무엇을 조사해 올 것인지를 확실하게 정하는 것이 매회 세미나 시간마다 반복되었다.

6월 13일 《국민의 부주의》에 대해 학생들이 조사한 주제는, 막부말(幕府末) 일본을 둘러싼 국제적 압력, 청일 전쟁 후의 국제 정세, 류큐[琉球]의 역사, 맥아더의 동북아시아 인식, 반일(反日) 교육의 실태 등으로 구성되었다. 이것은 주로 조선과 중국에 대한 일본의 '진출'을 서구 열강과 러시아 등의 외압(外壓)으로 어쩔 수 없이 이루어졌다는 텍스트의 주장을 사실에 입각하여 확인해 가기 위한 작업이었다.

7월 4일부터는 출판된 지 얼마 안 되는 한중일 3국 공동 역사 교재위원회 《미래를 여는 역사》를 읽었다. 이 무렵부터 텍스트를 지정하지 않고 자기 판단을 주체로 책을 읽어가는 방식이 자연스럽게 정착되어 갔다. 이런 식의 책읽기 방식은 특히 다양한 주장이 서로 충돌하는 '논쟁' 적인 문제에 대해, 자기 스스로 납득할 수 있는 결론을 내리는 아주 좋은 방법이었다고 생각된다.

한편 학생들이 어떤 주제에 대해 조사할 때 특별히 요구하지 않는 한 먼저 문헌 소개는 하지 않았다. 정확한 문헌을 소개할 만큼 내게 학문적인 소양이 축적되지 않은 점도 있었지만, 도서관 등에서 여러 문헌을 집어들고 학생 스스로 이런저런 고민을 하는 것도 중요한 학습이라 생각했다. 그 결과 어느 논점을 둘러싸고 "A라는 견해와 B라는 견해의 문헌이 있었습니다"라고 보고를 하는 학생도 나왔다. 그때는 A와 B 각각이 주장하는 근거는 무엇인가, 다른 세미나 학생이 조사했던 관련 정보와의 정합성은 어떠한가 하는 점 등을 논의하고, 진행하면서, 좀더 깊이 파고들어 규명해 가는 방법을 찾았다. 그 결과 대개의 경우 "그럼, 다시 한번 제가 조사해오겠습니다"라는 식으로 결론이 났다. 무엇보다 그렇게 보고를 했던 당사자가 스스로 답을 찾아내고 싶어했던 것으로 생각된다.

전기 세미나는 7월 11일로 종료되었는데, 8월 31일에는 여름 방학으로 둔해진 머리를 한 번 더 자극하기 위해 한국 방문 직전 세미나를 열었다. 《미래를 여는 역사》의 검토는 이날 대부분 끝났다. 이 세미나는 아침 10시 30분부터 저녁 6시 30분까지 여덟 시간, 점심은 교실에서 피자를 먹고 세미나가 끝난 후는 모두 구이집으로 이동했다.

많은 비디오까지 이용하여

사실 세미나 시간에는 앞서 서술한 텍스트의 검토와 더불어 많은 비디오를 보았다. 영상을 보는 목적은, 전쟁과 대량학살, 성폭행과 같이 우리들이 일상 생활에서 쉽게 접하기 어려운 사건을 조금이나마 실제로 느껴보자는 데 있었다. 찾아보니 시판되고 있는 좋은 비디오를 많이 입수할 수 있었다.

5월 9일에는 〈증언·침략 전쟁 — 인간에서 귀신으로, 그리고 인간으로〉(일본전파 뉴스사)와 〈증언·20세기의 유산 — 젊

은이가 묻는 침략 전쟁〉(일본전파 뉴스사)을 보았다. 모두 구
(舊)일본군 병사 몇 명이 행한 가해 증언이 중심이었다. 군인으
로서 담력을 키우기 위해 포로를 학살했던 체험, 남경대학살의
현장에서 중국인의 목을 치는 광경을 목격한 경험, "폐에 물이
들어가면 죽는다, 죽지 않게 고문해야 한다"는 포로에 대한 고
문의 증언, 그 외에도 일반 시민에 대한 성폭행과 살아 있는 인
간을 외과수술 연습대에 올려 놓고 행한 생체해부, 어린 중국인
갓난아기를 진흙이 묻은 군홧발로 밟아 죽이는 등 무시무시한
증언이 이어졌다.

　예전에 전쟁으로 죽은 일본인의 수는 3백10만 명, 일본군이
죽인 아시아인의 수는 2천만 명 이상이다. 그 숫자를 알고 보
고 간단하고 쉽게 기억한다. 하지만 한 인간으로 태어나 전쟁의
와중에 허무하게 생명을 잃어버리는 비참함과 두려움을 피부로
느끼지 못한다면, 이 터무니없는 숫자가 의미하는 참담함과 노
여움, 잔학함의 깊이를 상상하지 못할 것이다.

　5월 16일에는 〈침묵의 역사를 깨고 ― 여성국제전범법정의
기록〉(비디오쥬쿠), 〈허그 최종판결 ― 여성국제 전범법정〉(비
디오쥬쿠)을 보았다. 이것은 〈VAWW-NET JAPAN〉(〈전쟁과
여성에 대한 폭력〉 일본 네트워크)을 중심으로 하는 실행위원회
가 제언한 '위안부' 제도의 책임자를 재판하는 민중법정의 기록
이다. 많은 '위안부' 재판의 호소에도 불구하고, 일본에는 그 진
상을 규명하고 죄의 유무를 재판하고, 실질적인 심리가 행해진
사례는 없었다. 그런 가운데 일본의 여성들이 '가해국의 시민 ·
여성으로 책임 있는 행동을 취하라' 며 제언했던 재판이었다.

9개국에서의 검사단이 도쿄에 모여 국제법에 권위가 있는 몇 명의 재판관, 법률고문들이 사실을 확인하고 죄의 유무를 재판했다. 일본정부에 협력을 요청했지만 출석자가 없이 그때까지 정부의 주장을 대변하는 참고인이 대신했다. 각국의 많은 피해자들이 증언, 일본의 가해자들도 증언, 사실 자료를 제시한 각국 검사의 고발이 이어졌다. 일본의 역사학자들도 '위안소' 건설을 둘러싼 지휘 계통과 군(軍)의 최고 책임자들이 사실을 알고 있는 입장에 있었는가 하는 등의 연구 성과를 이야기했다.

오랜 시간이 걸린 심리 결과 2000년 12월, 침략 전쟁 당시의 주권자였던 쇼와 천황(히로히토)은 일본군에 의한 강간과 성노예제의 추진에 대한 유죄판결이 내려졌다.

또 2001년 12월에는 네덜란드 허그에서 히로히토뿐만 아니라 당시 일본군 고위 간부 10명 정도의 죄상을 상세히 밝힌 다음 유죄판결이 내려졌다. 숨을 죽인 채 지켜보고 있던 아시아 각국의 일본군 '위안부' 들은 눈물을 흘리면서 기뻐했다.

폐정(閉廷) 후 인터뷰에서 어떤 재판관이 "일본인에게 바라는 것은 무엇인가?"라는 질문에 "좀더 역사를 공부하십시오"라 답변한 것이 강하게 인상에 남는다. 또 허그에 있는 일본대사관에 곧바로 전해진 판결문에 대해 일본정부는 일체 반응이 없었다. 재판 결과에 대한 일본의 매스컴 보도는 바로 '묵살' 이었다고 해도 좋다.

5월 23일에 본 〈일본의 '위안부' 문제〉(비디오쥬쿠)는 주로 〈여성국제전범법정〉에서 일본검사단의 발언과 증언을 정리한 것이었다.

5월 30일에 〈사진으로 기록된 '위안부'〉(비디오쥬쿠)와 〈증언·중국인 강제연행〉(일본전파 뉴스사)을 보았다. 〈사진으로 기록된 '위안부'〉는 북한에 거주하는 일본군 '위안부' 박영심 씨의 증언이 중심이다. 여기서 '사진'이란, 전투 종결에 의해 미얀마에서 '해방'된 박영심 씨가 미군에 의해 촬영된 한 장의 사진을 말한다. 방공호의 작은 입구 옆에 서서 어두운 표정으로 눈을 밑으로 내리깐 박 씨는 일본 병사들에 의한 강간으로 임신한 모습으로 찍혀 있다. 끌려갔다 버림당한 미얀마에서 박 씨는 '와카하루(若春)'라는 이름으로 불렸다. 그녀를 기억하고 있다는 일본군 병사도 등장했는데, 그 남성은 박씨를 "좋은 여자였다"고 표현했다. 그곳에서 그녀들을 '위안'의 수단으로밖에 보지 않았던 당시 일본병사들의 의식이 투영되어 있을지도 모른다.

〈증언·중국인 강제연행〉은 병사들의 파견으로 인원이 부족했던 정부가, 국내의 노동력 부족을 보충하기 위해 '인간사냥'을 행하고, 그들을 일본 각지 1백35개소의 사업소에서 노예 노동으로 이용했다는 기록과 증언이다. 강제연행에 의한 노예 노동은 도조내각(東條內閣)이 결정했으며, 그때 담당대신은 전후 일본의 수상이 된 기시 노부스케(岸信介, 일본의 정치가(1896-1987). 제2차 세계대전 후 전범자로 복역하다가 석방되어 뒤에 자유당 국회의원으로 당선. 1955년에 자유 민주당을 결성하여 총재·수상을 지냄)였다. 미쓰비시(三菱), 미쓰이(三井), 가시마(鹿島) 등 현대 일본의 거대기업이 이들의 노예 노동으로 부를 축적했다. 홋카이도 무로란(室蘭)에서 노동을 했다는 남성이 당시 생활의 비참함을 증언하고 있다. "구린내 나는 중국인, 구린내 나는 중국인"이라며 일본의 어린아이들이 눈을 뭉쳐 던졌던 것이 가슴 아픈 추억이라며 눈물을 글썽이는 모습이 인상적이었다.

현대 일본의 전쟁과 평화를 생각하면서

6월 6일에는 〈군수공장은 지금〉(일본전파 뉴스사)을 보았다. 오늘날 일본 사회에서 일어난 사건이 내용이었다. 나가사키〔長崎〕에 기업주도형 기업도시를 만들고, 시의회에도 막강한 영향력을 지닌 일본 최대의 군수기업 · 미쓰비시 중공〔三菱重工〕의 군수품 의존도는 2002년 현재 이미 16퍼센트(3천4백81억 엔)로 높아졌다. 더 이상의 군사화를 허용해서는 안 된다는 근로자와 그들을 제재하고 본보기로서 엄벌하기 위해 차별하는 경영자와의 관계가 묘사되어 있다. '무기 수출 3원칙'의 재평가를 요구하는 미쓰비시 중공업의 니시오카 다카시〔西岡喬〕 회장은 일본 경실련의 간부이며, 재계와 전쟁의 경제적인 관계에도 관심을 기울이고 있다. 전쟁이 먼 옛날의 일이 아님을 강력하게 실감할 수 있게 만든 비디오이다.

6월 27일에는 〈마쓰이〔松井〕 야요리 전력질주 — 암과 싸운 2개월반의 기록〉(비디오주쿠)을 보았다. 마쓰이 씨는 'VAWW-NET JAPAN'을 개시하며 '여성국제전범법정' 개최에서 중심적인 역할을 수행했다. 어머니에게 여성의 자립을, 아버지에게 반전(反戰)의 정신을 배웠다는 그녀의 생애는 정년까지 임기를 마친 '아사히신문' 기자로서의 노고까지 포함하여,

저널리스트로 활약하면서 전후 일본에서 여성의 지위를 다양하게 생각하고 되짚어 보게 했던 인물이다.

7월 4일에는 〈새로운 헌법 이야기〉(일본전파 뉴스사)를 보았다. 전쟁과 평화를 둘러싼 오늘날의 사회 상황을 그린 9명의 유명인이 일본 정부의 개헌 움직임에 반대하는 열렬한 생각을 이야기하고 있다. 침략 전쟁으로 2천만 명이 넘는 아시아인들을 살해한 일본국은 패전과 일본국 헌법의 제정을 전기(轉機)로 전후 60년간 전쟁에서 단 한 사람도 죽이지 않았다. 그런데 또다시 '해외에서의 무력행사'를 가능하게 해서는 안 된다. 그 점을 절절하게 호소하고 있다.

7월 11일에는 〈아우슈비츠에서 베를린으로 — 가해의 기억을 더듬는 여행〉(비디오쥬쿠)과 〈큰딸들의 전쟁은 끝나지 않았다 — 중국 산서성·황토촌(黃土村)의 성폭력〉(비데오쥬쿠)을 보았다. 〈아우슈비츠에서 베를린으로〉는 일본에 '여성의 전쟁과 평화자료관'을 만들기 위한 준비로, 독일을 '시찰'했을 때의 보고서이다. 나치스·독일에 의한 유대인 최대의 말살센터가 된 아우슈비츠 강제수용소는 그야말로 보는 이를 전율케 했다. 독일 정부 자체가 가해(加害)의 기억을 남기고자 노력했고, 독일군 병사와 국회의원에게도 그런 학습을 의무화하고 있다. 독일에서 가해 책임을 명확히 하는 데 1968년 학생 운동이 커다란 역할을 했다. 부모들 세대를 향하여 '나치스 시대에 당신은 무엇을 했는가'라는 질문을 던졌다.

한편 베를린은 1천 개 이상의 시설, 50만 명 이상의 수용자를 거느린 강제 노동의 집중 지대이기도 했다. 이 수용소 시설에

'강제 매춘' 제도가 만들어졌는데, 이에 대해 가해자도 피해자도 아무 이야기를 하려 들지 않아 문제의 해명과 '해결'에 대한 접근이 어려웠다.

〈큰딸들의 전쟁은 끝나지 않았다〉는, '위안소' 이외의 장소에서 당했던 강간 피해에 관한 일본 정부의 고발이 주제를 이루고 있다. 어떤 피해자는 1년 8개월에 걸쳐 일본군 대장의 '전용 소유물'로 취급당하다, 전쟁이 종결되자 일본군 협력자로 지탄의 대상이 되었다. 자살한 이 여성을 '피해자'로 보게 된 것은 1998년에 같은 피해자들이 일본정부와의 재판 투쟁을 시작한 이후의 일이었다. 2003년 4월에 도쿄지방재판소는 '청구기각' 판결을 내렸지만, 이례적으로 입법·행정에 의한 해결이 가능하다는 부언(付言)이 있었다. 문제의 해결은 정부의 자세에 달려 있다는 것을 인정한 셈이다.

마지막으로 8월 31일 한국 방문 직전 세미나에서는 〈제국해군·승리의 기록〉(日本映畵新社)을 보았다. 1942년 영화 뉴스를 편집한 것으로, 내용은 '대본영(大本營)'을 정리한 것이다. 일본군의 승리와 아시아에서 일본군이 환영받았다는 영상만 있을 뿐, 2천만 명이 넘는 아시아인의 희생에 대해 전혀 언급하지 않았다. 물론 그 전쟁의 현장에 있었을 '위안부'의 모습도 보이지 않았다. 이 비디오에서 일찍이 자행했던 침략을 '자존자위(自存自衛)의 올바른 전쟁'으로 보는 야스쿠니사관(靖國史觀)의 원점을 보았다.

2005년 여름 〈나눔의 집〉 방문

이러한 배움의 성과를 내세우고, 2005년 9월 12일부터 15일까지 또다시 세미나 주최로 한국을 방문했다. 3학년 15명 외에 4학년 1명, 졸업생 1명, 타대학 학생 1명, 일반 시민 2명이 멤버였다. 9월 12일 이번에도 서울 도착하니 밤 8시. 이날 밤은 한국 학생들과 함께 모여 왁자지껄 식사를 했다.

다음날 13일 아침에는 〈나눔의 집〉으로 이동했다. 비가 내려 한기가 느껴질 정도로 추운 아침이었다. 버스에서 짐을 내리자마자 바로 〈일본군 '위안부' 역사관〉으로 견학을 갔다. 카메라 외에 이번에는 비디오 촬영 허가도 받았다. 노트를 손에 들고 상세하게 해설을 들려주었다. 재현해 놓은 '위안소' 앞에서 한 학생이 쓰러져 버렸다. 조금 지나 정신을 회복했는데, "일본에서 온 여성에게서 종종 일어나는 일입니다" "더 이상 느끼고 싶어하지 않는 자연스러운 몸의 반응이겠지요"라고 스태프가 말했다. 이 자리의 공기가 피부로 전해진 것은 그렇게까지 차갑고 고통스러웠다.

귀국 후 레포트에 어느 학생이 이렇게 서술해 놓았다. "충격적이라는 말 이상으로 커다란 쇼크를 받았습니다. 그동안 일본에서 계속 공부를 해오고 있었는

재현된 '위안소'의 방(〈나눔의 집〉의 〈일본군 '위안부' 역사관〉)

데 가슴이 답답하고 무거워졌습니다. 눈물이 나왔습니다. 〈일본군 '위안부' 역사관〉은 책을 읽는 것만으로 느낄 수 없었던 것을 체험할 수 있는 곳이라 생각합니다. 역사와 직접 만날 수 있었습니다.

〈나눔의 집〉〈일본군 '위안부' 역사관〉에 전시되어 있는 '위안소'에서 사용된 '군표'와 콘돔

니다. 왜 선생님이 우리들을 그곳으로 데리고 갔는지 조금은 느낄 수 있었습니다."(F · Y씨)

〈일본군 '위안부' 역사관〉에서 견학을 끝낸 후 저녁에는 피해자의 증언을 들었다. 15세부터 3년간 잔혹하고 참담했던 피해 상황을 작은 목소리에 고개를 숙인 채 들려주신 문필기 할머니는 이렇게 증언을 한 날 밤에 잠을 자면 악몽을 꾼다는 말을 이해할 수도 있을 것 같았다.

학생들은 이렇게 쓰고 있다. "(이야기를 듣고) 무서워 견딜 수가 없었다. 듣는 것만으로도 무섭고 견디기 힘들었는데 직접 체험하신 할머니는 어떠했을까. 나로서는 도저히 알 수 없는 것이 아닌가 생각했다" "이야기를 듣고 있을 때 나의 할머니랑 똑같아 보여 현실에서 눈을 떼고 싶지 않았다" "(하지만) 우리들마저 도망가서는 안 된다. 여기서 도망친다면 앞으로도 끊임없이 할머니들은 고통 속에서 살게 될 것이다."(F · T씨)

"증언은 말로 어떻게 표현해야 좋을지 모를 정도로 나를 짓눌렀다. 할머니의 일본인들은 진짜 밉다는 말이 가슴을 아프게 찔렀다. 일본이 밉다고 해도 좋다. 당연하다. 지금은 할머니들이 일본에게 원하는 것이 무엇인지 알았으니 그 바람이 이루어주도록 노력하고 싶다고 생각한다."(K · R씨)

비로 인해 지난해처럼 마당에서 고기를 구워먹지 못했지만, 실내에서 즐겁게 저녁을 먹고, 밤에는 작년처럼 배춘희 할머니와 시끌벅적하게 노래방 기기를 틀어놓고 즐겼다. 〈나눔의 집〉에도 여러 할머니들이 계시는데, 배춘희 할머니는 전쟁이 끝나고도 오랫동안 일본에 계셨던 것 같다. 카바레 등에서 노래를 부른 적이 있어서인지 도저히 80세가 넘었다고는 생각할 수 없는 풍부한 성량으로 일본 노래를 부르며, 우리들에게도 일본어로 "힘내서 노래부르라"며 마이크를 건네주었다. 이날 밤의 노래방은 11시 가까이까지 이어졌다.

역사를 계승하고 역사를 개방하다

9월 14일 이미 비가 개어 있었다. 우리들은 8명의 할머니들과 함께 서울 일본대사관 앞으로 향했다. 제674차 '수요시위'에 참가하기 위해서였다. 집회에서 펼쳐들 플래카드는 전날 저녁식사 전에 〈나눔의 집〉에서 만들었다. "사죄하자! 우리들은 진정한 한일 우호의 미래를 실현하고 싶다." 하얀 천 중앙에 한글로 커다랗게 쓰고 그 주변에 전원이 일본어로 한마디씩 써넣었다.

집회장으로 향하는 버스 안에서 집회 발언자를 정하는 '제비뽑기'를 행했다. '제비뽑기'라는 이 방법에 아무도 불만을 하지 않은 것은 누가 뽑히더라도 그 역할을 할 수 있다는 마음자세가 되어 있었기 때문일 것이다.

12시가 지나면서 집회가 시작되고, 주최측인 한국정신대문제대책협의회의 인사 후, 집회에 참가한 개인과 단체에 의한 발언과 춤 등이 이어졌다. 한국 중학생들이 발언하자 주변에서 커다랗게 환호를 했다. 두번째 발언자가 우리들이다. 일장기 휘날리는 대사

2005년 9월 14일 '수요시위'에서
'인간 다리'를 건너는 세미나 학생

2005년 9월 14일 '수요시위'에서 직접
만든 플랜카드를 들고 발언하는
세미나 학생들(서울의 일본대사관 앞)

관을 뒤로 하고, 맨 앞줄에 할머니들이 앉아 있고 70-80명 정도의 집회 참가자를 바라보며 플래카드를 펼쳐들고 대표자 3명이 발언했다. 꽤 감동적인 발언이었다. 때마침 이 집회 때 일본에서 도쿄대학[東京大學]과 쥬오대학[中央大學]의 학생도 참가하고 있었고, 또 나고야에서 왔다는 시민 단체의 발언도 있었다.

피날레는 아주 요란했다. 한일 양국의 젊은 세대 전원이 손을 맞잡고 넓지 않은 집회장을 한 마리 용처럼 꾸불꾸불 달렸다. 북이 울리고 오른쪽으로 왼쪽으로 꽤 빠른 속도였다. 모두들 어지간히 숨이 턱까지 차올랐을 무렵, 옆으로 길게 한 줄을 만들어 서서 머리 숙이고, 키 큰 '인간 다리'를 만들었다. 그 다리 위를 몇 명이 올라가 건너갔다. 많은 사람이 힘을 합치는 것의 중요성을 상징하는 퍼포먼스가 될 것이다. 우리들의 세미나 학생 중 두 명이 이 인간 다리를 건넜다.

집회가 행해지는 근처 식당에서 바로 점심을 먹었다. 집회 참가자의 대다수가 함께 식사를 하는 것이 관행이었다. 내가 작년 한국을 방문하여 신세를 졌던 한국의 시민운동가와 우연히 만난 곳도 이 자리였다.

3시 호텔로 되돌아와 비로소 각자 자유로운 시간을 가졌다. 다음날 15일 아침 8시 30분 로비에서 집합. 바로 인천 공항으로 이동하여 오후 2시 이전에 간사이〔關西〕 국제공항에 도착하면서 모든 일정을 끝마쳤다. 진실로 의미 있는 4일간이었다.

그런데 귀국 후 우리들에겐 이번의 체험과 '위안부' 문제 해결을 위한 바람을 어떻게 확대시켜갈 것인가 하는 과제가 남겨졌다.

학생들은 이렇게 쓰고 있다.

"매주마다 다른 일본인이 찾아와서 '허울 좋은 말'을 늘어놓고 자기 만족을 한 채 돌아간다. 앞으로는 할머니들에게 그렇게 생각없는 행동을 보여주지 말아야 한다고 생각했습니다." (H·T씨)

"우리들은 '역사의 목격자'인 동시에 그 담당자가 되어야 합니다. 목격한 후 앞으로 향해 걸어가는 걸음이 중요하다는 점, 수요시위에 참가하여 체험하면서 몸으로 실감할 수 있었습니다."(S · M씨)

여름방학이 끝나고 가을, 10월 24일에는 다시 학내보고회에 착수했다. 한국을 방문하여 행동에 옮겼던 모습을 기록한 비디오를 상영하고, 아울러 '위안부' 문제란 무엇인가, 우리들은 그 것을 어떻게 생각하는가에 대해 도입학적인 보고를 행했다.

지난해《할머니로부터의 숙제》에 이어 책을 만들어 내자는 의견에 대해, 책을 만들고 싶다는 측과 힘에 버겁다는 측이 있었다. 결국은 세미나중에 프로젝트 팀을 만드는 것으로 결론을 내렸다. 후기 세미나 주제는 〈젠더 시각에서 배우는 일본사〉가 되었고 '위안부' 문제에서 좀 동떨어진 테마가 되었다. 그 또한 매주 다섯 시간 세미나가 이루어졌으므로, 이 세미나와 병행하여 '위안부' 관련 과제를 처리해나가는 것은 매우 힘겨운 일이 되었다.

학내의 분위기를 바꾼 학생들의 힘

그런데 새삼스럽게 다시 되돌아보면, 그 이전에 행했던 세미나와 최근 2년간 행한 세미나의 본연의 모습이 아주 크게 달라져 있었다. 이미 서술한 것처럼 '위안부' 문제를 거론하는 것 자체가 커다란 변화였다. 그와 직결되는 형태로, 소위 '교실 안에서 배우는 것'에서 '교실과 현실 사회를 이어 주는 배움'으로 세미나가 배움의 성질을 크게 바꾸어 놓았다. 물론 매년 열리는 세미나마다 나 나름으로 힘을 쏟아왔다. 그러나 최근 2년간의 경험에 비추어 보면, 그때까지 나는 현실 사회에 부응하는 과제를 정면으로 다루는 학생들의 힘을 과소평가해 왔던 것같다. 이것은 중요한 반성이며 또 향후 귀중한 교훈이 될 것이다.

또 한 가지 이러한 세미나 시도는, 세미나 외에도 커다란 영향을 미쳤다. 1년의 사건을 생각나는 대로 소개해 본다.

먼저 중요한 역할을 담당한 것이 2004년 가을 '위안부' 문제에 대한 학내보고회였다고 생각한다. 이 학내보고회는 그 자리에 참석한 학생들과 현실사회의 문제 사이에 가로놓여 있는 거리를 줄여 주는 역할을 했다.

그러한 분위기를 하나의 배경으로 2005년 2월에는 학생 '9조회'가 자연스럽게 생겨났다. 단 2명의 학생으로 시작한 이 모임은 4월부터 학내에서 활동을 강화하여 학생들 이외에 이미 10명에 가까운 교직원을 '고문(顧問)'이라는 형태로 받아들였다. '모임'을 만든 두 사람은 4월에 나의 세미나에 참가했고 여름에는 함께 〈나눔의 집〉을 방문했다.

여름방학 직전에는 영화 〈베아테의 선물〉 상영 운동이 시작되었다. 헌법과 남녀평등이라는 조금 딱딱한 주제였지만, 학생실행위원회는 5백 명의 학생 모집이라는 목표를 내걸었다. 후기 수업 개시부터 '상영과 강연'이 행해졌던 11월 10일까지, 그 여학생들은 매일 많은 강의실을 다니며 "기획에 참가해 주십시오"라고 호소했다. 목표 달성은 하지 못했지만, 약 4백 명의 학생을 모집한 이 일은 다시 한번 '요즘 학생'들의 탁월한 행동력을 확신하게 해준 일이 되었다. 졸업생과 일반인의 참가도 줄을 이어 합계 6백50명이 기획에 참가한 것도 예상 이상의 성과였다. 이 학생실행위원회는 '9조회' 멤버 외에 강력한 힘을 발휘하게 해준 학생·대학원생이 많이 있었다.

12월 20일에는 대학의 여성학학회와 인권교육위원회의 공동개최로 '할머니의 강연회'가 열렸다. 이것은 지난해 3학년 세미나 학생들이 대학에 '할머니의 증언을 좀더 많은 학생들에게'를 요구했던 것의 실현이다. 지금은 4학년이 된 학생들이 학교를 방문하신 이옥선 할머니에게 학교 교정을 안내하는 동안에 3학년 세미나 학생들이 〈나눔의 집〉방문과 '수요시위'참가보고를 행했다. 일의 진행은 다음 학년으로 계승되었고 힘이 합쳐지게 되었다. 대학 행사 사정으로 수업이 없는 날 개최되어 학생들의 참여는 그리 많지 않았지만, 그것을 보충하고도 남을 만큼 시민분들의 열띤 참여로 이 강연회 역시 1백40명으로 성공을 거두었다.

사회의 과제를 해결하려는 힘

우리 대학에서 이런 종류의 기획과 활동은 과거에 자주 있었던 일이 아니다. 12월 '할머니의 강연회'에 참가해 주셨던 지방 니시노미야[西宮]의 어느 남성은 기획 직후에 다음과 같은 메일을 보내 주었다. "저의 두 여동생과 조카가(코오베) 여학원 졸업생입니다만, '위안부'라는 젊은 여성으로서 착수하기 힘든 주제를 도대체 어떤 학생들이 실천에 옮겼을까? 또 강연회장은 어떠한 분위기일까? 하는 흥미가 생겨 캠퍼스를 찾았습니다"

"보고하는 학생들, 참가한 학생들의 높은 문제 의식에 박수를 보냅니다. 지금까지 아무 생각없는 고상한 아가씨들이 다니는 대학(대단히 실례입니다만 저는 중도에 배움을 중단했습니다)이라는 나 자신의 이미지가 크게 바뀌게 되어 무엇보다 기쁘답니다." 이런 감상은 정직하게 말해 나 자신에게도 상당 부분 공통으로 느끼는 점입니다.

결국 학생들에게는 사회의 다양한 문제에 뛰어들 힘이 있고, 그 힘은 단기간의 준비로도 충분히 발휘할 수 있다는 점을 보여주었다. 본래 고등교육이란 현사회에 적응하는 것뿐만 아니라, 그 사회가 안고 있는 과제를 해결해 가는 지혜와 행동력을 갖춘 사람으로 교육하는 장소라야 한다. 그런 의미에서 '교실과 현실 사회를 이어 주는 학문'의 실천은, 이 목적에 부합하는 것이며, 또 적지 않은 학생 자신의 욕구에도 부응하는 것일지도 모른다.

차분히 '나와 사회'의 관계를

이런 각도에서 보건대, 학생 교육에서 중요한 점은 '나와 사회'의 관계를 시간을 갖고 차분히 생각하게 하는 일이다. 〈나눔의 집〉 방문 전인 4월부터 9월까지 5개월 동안 '위안부' 문제에 관한 기초 지식을 얻기에 그리 짧은 기간이 아니었다. 그러나 지식만 갖고는 안 된다. 중요한 것은 지식을 자기 삶의 방식과 결합해서 바라보는 사고의 회로를 키우는 것이다. 생각하고 사고하는 힘을 기르지 않으면 아무리 지식을 쌓아도 "'위안부'는 불쌍하지만 나와 상관없는 일"로 여기는 벽을 넘어설 수가 없다.

'사회에 대한 당신들의 책임' '할머니에 대한 당신들의 책임' '정치에 대한 당신들의 책임'과 같은 물음을 던졌을 때, 학생들은 "지금까지 자신과 사회를 그런 식으로 결부시켜 생각해본 적이 없다"고 대답했다. 애초부터 자기의 생활이 다른 많은 사람들과 서로 관련되어 있음을 실감하고 있는 학생은 그리 많지 않았다. "나와 관련이 있는 사람은 가족과 친구들뿐." 이해관계가 서로 얽혀 있는 눈에 보이는 인간의 범위에 머물러 있었다. 그런 사고방식을 갖고 있다면, 여러 사회 문제는 자신과 상관없이 멀리 동떨어진 '바깥 세계'의 일로 보일 뿐이다. 이러한 감각에 머무른다면 아무리 사회에 대해 가르치고 배워도 영원히 '바깥 세계'의 이야기로 그칠 뿐이다.

그래서 "먹을 것도, 입을 것도, 텔레비전도, 휴대전화도, 전기도, 물도 모두 누군가가 만들어 주는 것" "많은 사람이 지탱해주어야 비로소 모든 생활이 성립될 수 있다" "취직해서 일하는 것은 당신들 스스로가 서로 알게 모르게 지탱해 주는 한 부분을 담당하는 것"임을 자각하게 하는 것이 중요하다. 의외로 학생들은 신선한 충격으로 받아들였다. "그럼, 정신의 경우는 어떨까" "정치는 관계없는 것인가?" "그렇다면 소비세가 오르는 것은?" "학비가 비싼 것은?" "근로 시간이 세계에서 가장 긴 것은?" 그런 논의를 하다 보면 '나와 사회'의 연결을 다양한 형태로 반복하고 확인해 가는 작업이 중요함을 깨닫게 된다.

그렇게 우리의 생활과 사회와 정치와의 관련에 대해 어느 정도 실감할 수 있게 된 지점에서야 겨우 "어떤 사회로 만들어 갈지에 대해서는 누가 생각하는 것일까" 하는 문제를 학생들은 정면으로 받아들일 수 있게 된다. "정치가는 누가 선택하는가?" "정치는 누가 결정하는 거지?" "주권자인 어른에게는 정치에 대한 책임이 없는가?" "'위안부' 문제를 사죄하지 않는 나라는 누가 만들고 있는가?"라는 물음이 비로소 진정한 '자신의 주제'가 된다.

물론 이 과정은 일직선상에 있지 않고, 교육에 따라 개인차가 상당히 크게 나타나기도 한다. '나의 책임'을 묻게 될 때는 소박한 거절도 나타날 수 있다. 하지만 그러한 것을 단번에 돌파하는 것이 아니라, 오락가락 반복하면서 학생들의 성장 과정과 더불어 생각해 가는 자세가 필요하다. 이 일은 인내를 요하는 작업이다. 하지만 인내하는 과정이 축적되지 않으면 사회에서 일어나는 어떠한 이야기를 전하든 "나와 상관없다" "열혈 선생님이시군" 하는 정도로 끝나 버린다. 지금 대학교육은 이런 것에 하나의 커다란 에너지를 쏟아 부어야 한다고 생각한다.

젊은이들이 '나와 사회'를 생각하기 위한 힘을 기르기 위해, 요시노 겐자부로〔吉野源三郎〕《자네들은 어떻게 살 것인가》(君たちはどう生きるか, 岩波文庫, 1982년. 초판 1937년)를 권하고 싶다. 조금 오래된 책이지만 상당히 젊은 세대 취향으로 쓰여진 책으로 내용은 지금도 새롭다. 꼭 읽어보기 바란다.

2004년 3학년생들의 세미나에서

2005년 3월 《할머니로부터의 숙제》를 만들어 낸 학생들은 바로 취직 활동에 돌입했다. 그후 '위안부' 문제에 대한 공부는 조용하게 이어져 갔다. 어떤 동료 교직원이 우리들 3,4학년 세미나에서 자극을 받아 2학년생 세미나에서 '위안부' 문제의 학습을 개시했다. 그 세미나 학습을 지원하기 위해 "매주 누군가 공부하는 데 도움을 달라"는 부탁을 4학년생들에게 하러 왔다. 2학년생 세미나는 전기만 수업을 했는데, 4학년생은 취직 활동 일정이 길었으므로 교대로 세미나 '지원'을 매주 확실하게 해주었다. 그렇게 지원을 받은 2학년 세미나 학생 몇몇이 2006년 나의 3학년 세미나에 들어오기를 희망하고 있다.

한편 '위안부' 문제에 착수는, 학생들의 장래 설계에도 반영되었다. 어떤 학생은 '위안부' 문제의 해결에는 그 나름의 전문 능력이 필요하다며 변호사를 목표로 사법시험에 도전했다. 즉각 로스쿨에 진학했다. 또 어떤 학생은 '위안부' 문제는 '내가 아이들에게 가르친다'와, 졸업 논문의 주제를 '위안부' 문제에 대한 수업이 중학교에서 어떤 식으로 가능한가에 초점을 맞추면서 교원시험에 도전하고 있다. 현사회는 변호사든, 교사이든 상당히 들어가기 힘겨운 '좁은문'이므로 그녀들의 바람이 즉각적이고 원활하게 실현되지는 않겠지만, 그래도 세미나를 통한 배움이 이러한 형태로 학생들의 삶의 방식과 결부되어 가는 모습을 보는 것은 나로서는 처음 겪는 경험이다.

취업 활동과 아울러 행하고 있는 것이 졸업 논문 작성이다. 4학년 학생들은 졸업 논문을 쓰기 위해 히로시마 원폭자료관, 도쿄의 야스쿠니 신사와 '여성들의 전쟁과 평화자료관' 등의 '현장'을 몇 명이 직접 방문하며 자료 수집을 하고 있다. 자신의 눈으로 직접 보고, 피부로 느끼고, 자료를 모으고, 관계자들의 이 야기도 듣고, 무엇보다 자신의 머리로 생각한다. 그러한 졸업논 문 만들기를 실천하고 있다. '현장'을 체험하는 것의 중요성과 그것을 실행에 옮기며 발로 찾아가는 일도 〈나눔의 집〉을 방문 한 체험으로 생겨난 부산물의 하나라 할 수 있다.

'위안부' 문제와 나의 연구

최근 2년간의 일어난 일로 내가 배운 것은 아주 컸다고 생각 한다. 학생들과의 유대 관계뿐만이 아니다. 깊이 다루어야 할 논점은 수없이 쌓여 있지만, 넓은 시야로 현대 일본을 바라보는 눈을 기르는 데 확실한 성과를 거두었다고 생각한다. 특히 동아 시아에 대한 침략의 역사와 실태, 그에 대한 성실한 반성과 청 산을 회피하고 있는 전후 일본의 정치, 그 정치와 미국의 대일 (對日) 지배와의 관계, 오늘날 헌법 '개정'에 대한 미국의 압력 과 일본 지배층의 복고적인 움직임의 관계 등, 이러한 것이 나 름으로 하나의 맥락을 갖고 연결되어 있음을 실감했다. 그것은 '세계 어디에도 친구가 없는 일본의 현상'과 '동아시아 속에서 일본 경제의 미래'를 생각하는 데 이제는 빠트릴 수 없는 시각 이 되었다고 생각한다.

나 나름대로 느낀 문제의식을 조금 말한다면, 해외에서 전쟁 을 할 수 있는 일본을 만들 것인가, 혹은 헌법의 이상(理想)에 가까운 일본을 만들 것인가, 지금 일본은 전후사(戰後史)에 있어서 최대의 분기점에 있다고 해도 좋을 것이다. 다만 지금 정세에 필요한 것은 상대의 공격에 몸을 웅크리고 견뎌내는 식의 수비형 싸움을 해서는 안 된다. 그것은 9조에 머무르지 않고 24조(남녀평등), 25조(생존권), 27조(근로권) 등 헌법이 지향하는 일본 사회 만들기를 시민 다수가 힘을 합쳐 일본의 민주적인 개혁을 향해 적극적이고 혁신적인 합의를 만들어 가야 하는 싸움이다. 그에 대해 공격적인 자세로 임하는 것이 중요하다고 생각한다.

이와 관련하여 '세계에서 고립되어 가고 있는 일본'의 현상은, 동아시아 경제와 더욱 깊은 관련을 가질 수밖에 없는 재계·대기업 등의 경제적 요청과 일찍이 침략을 긍정했던 정재계의 복고적인 자세와 일정한 모순을 드러내고 있다.

또 침략 전쟁을 추진했던 당사자들을 대미종속정치의 담당자로서 비호해 온 미국의 지배층이 야스쿠니 사관의 "미국에 빠져든 개전(開戰)"이라는 대미개전(對美開戰) 이해를 불쾌하게 여기고, 나아가 대중국전략(對中國戰略)에서 일본의 지나친 복고주의를 장애로 생각하기 시작하는 현상에서 미일 지배층의 종속 관계에는 어떤 새로운 변화가 생겨날 것인가 하는 점도 주목하고 싶다.

국내만을 바라보고 있으면 재계를 중심으로 한 지배층의 힘은 매우 강력하게 보이지만, 세계 전체의 구조 변화에 자리매김해 놓고 보면 그것은 결코 변화의 커다란 흐름에 순응하는 움직임이 아니다.

젊은 세대와 역사 학습의 과제

마지막으로 젊은 세대의 역사 인식과 관련하여 몇 가지 서술하고자 한다.

현재 중학교와 고등학교에서 행하는 역사 교육은 선생님 개개인의 노력에도 불구하고 유감스럽게도 역사 인식을 충분히 젊은 세대에게 전하지 못하고 있다. 요즈음 학생들과 접하다 보면, 일본이 아시아에서 2천만 명이 넘는 많은 희생자를 낳은 침략 국가였다는 것을 모르는 사람도 적지 않다. 소위 '평화교육'에 대해서도 공습, 기아와 소개(疏開), 원폭, 오키나와 전투 등, 일본인의 고통과 희생만을 강조하는 것이 많은 듯하다. 일본인의 희생자가 3백10만 명, 아시아의 희생자가 2천만 명 이상이라는 것은 일본인 한 사람이 죽어가는 같은 시간에 아시아 사람들 7명 이상이 죽음으로 내몰렸다는 말이 된다. 이 양자의 관계를 충분히 이해할 필요가 있다. 그 전쟁을 시작한 것은 일본이었다. 아울러 침략 전쟁을 추진했던 당시 천황 중심의 정치 체제에 대해서도 깊이 있게 배울 필요가 있다고 생각한다.

한편으로 많은 대학생들은 전후 일본이 미국에 의해 7년 가까이 군사 점령당했던 사실을 모른다. 연합국을 대표하여 일본을 평화국가로 바꾸는 역할을 담당해야 했을 미국이, 도중에 점령정책(포츠담선언)을 일방적으로 파기하고, 1947-48년을 전기로 일본을 미국이 시키는 대로 군사대국으로 만들어 갔다. 그 과정에서 미국에 종속을 조건으로 일본의 침략자들은 전후에도 미국의 허용으로 일본 국내의 지배층으로 자리잡았다. 도쿄(東條) 내각의 상공대신 기시 노부스케(岸信介)가 1948년에 무죄

방면으로 스카모[巢鴨] 형무소에서 풀려났고, 1955년에 자민당 초대 간사장, 1957년에는 수상이 되었다. 1960년에 미일공동작전 의무를 담은 현재의 안보조약을 체결한 것은 상징적이다. 미국 멋대로 또 야스쿠니 사관에 깊이 사로잡힌 전후 일본의 지배층은 이런 과정을 거쳐 만들어졌다.

일본 침략의 역사를 모르고, 미국에 의한 지배의 역사를 모르고 있다. 이 두 가지 커다란 역사인식의 결여가 현대 일본의 구조와 일본과 아시아·세계의 관계를 생각하는 데 필요한 젊은 세대의 기초적 교양을 크게 갉아먹고 있다. 단지 이것은 "이 시대 젊은이"의 책임일 수 없다. 그러한 학교 교육밖에 남겨 놓지 않은 어른들의 책임이 크다. 그것을 젊은 세대의 탓으로 돌리는 것은 어른의 책임 회피, 젊은이들에 대한 책임전가에 지나지 않는다. 어른들은 무엇보다 그 책임을 심각하게 자각하고 학교 교육의 개선에 힘쓰면서, 그것을 기다리지 말고 가정과 직장과 지역에서 부모가 자식에게, 손자에게, 선배가 후배에게, 필요한 지식을 정확하게 말하고 계승해 가는 역할을 완수해야 한다.

한편으로 당연히 젊은이 여러분도 자기 힘으로 지식의 공백을 메워 가는 노력이 필요하다. 일본과 세계의 정치에 관심을 갖고 얼마간이라도 정치에 책임을 질 수 있는 세대가 된다면, 역사를 배우는 것은 세계에 대한 책임이 된다. 일본인에게 "좀 더 역사를 공부하시기 바랍니다"라고 말했던 〈여성국제전범법정〉의 어느 재판관의 말을 떠올리기 바란다. "역사는 질색이야"라고 말하는 사람도 있을 것이다. 그러나 무엇 때문에 배워야 하는지를 확실하게 자각한 다음에 행하는 공부는, 인간이 인간으로서 지닌 매력을 배워, 향후 풍요롭게 성장해 가는 중요한 토대가 될 것이다. 앞에서 거론한 세 권의 책을 펼쳐들고 확실하게 배우기 바란다.

무엇을 어떻게 받아들였는가,
앞으로 어떻게 할 것인가

세미나 좌담회 출석자

이시카와 야스히로[石川康宏], 오오니시 도모꼬[大西知子],

오오니시 나오[大西奈緒], 가와모토 리에꼬[川元理惠子],

사카시타 미키꼬[坂下美季子], 니시무라 아야꼬[西村文子],

하마노 도모까[濱野智加]

연구실에서 이야기를 나누는 세미나 학생들

각기 다른 이유에서 이 세미나를 선택

이시카와 여기 모인 사람은 3학년 봄부터 이 세미나에서 공부했는데, 도대체 왜 이 세미나를 선택하게 되었는가.

리에꼬 일본이 전쟁에 휘말리면서 중국과 한국과의 관계가 악화되었다는 이야기는 막연하게 알고 있었습니다. 하지만 저는 '나보다 한 세대 전의 사람들이 행한 일을 무엇 때문에 우리가 책임을 져야 하는가'에 대해 생각해 오고 있었습니다. 이젠 지난 일인데 '나라면 절대 그렇게 하지 않아' '상관없는 일이야' 라는 느낌으로.

하지만 처음 이시카와 선생님의 수업을 2학년 때 들었습니다. 그때 선생님께서 "지금, 일본의 수상은 일본이 벌인 전쟁은 좋은 전쟁이었다고 말하며 공식적으로 야스쿠니 신사에 참배하는 사람이다. 그러한 수상이 속한 당을 선거에서 '지지' 해 준 사람은 다름 아닌 국민들이다. 20세 이상이 되면 자네들도 유권자로서 정치를 움직이는 입장이 된다"고 하셨어요. 그때 '아 그런가, 나와도 관계가 있구나' 하고 생각하게 되었어요. 그 이전까지 정치는 '정치인'이 하거나, 하는 것처럼 생각하고 있었으므로 그 말이 너무도 신선했지요. 그래서 3학년이 되기 전, 2학년 후기에도 선생님의 세미나를 들었습니다. 그 세미나에서 내가 살아가고 있는 현재 일본의 정치와 경제에 대해 모르는 것이 너무 많음을 느끼고 3학년에도 이시카와 선생님의 세미나를 들어야지 생각했습니다.

도모까 2학년 후기 세미나는 토모[知子], 분짱[文子], 저도 함께 했어요.

리에꼬 음, 저는 그 무렵까지 '위안부' 문제에 대해 전혀 모르고 있었어요. 그것을 알고 얼마나 충격을 받았는지……

이시카와 그런가, 몰랐었는가? 작년 한 학년 위의 선배가 역시 〈나눔의 집〉에 갔을 때의 보고회를 11월에 열었는데 그곳에 왔던 사람은 있는가?

리에꼬, 도모까, 미키꼬 예. (손을 든다)

이시카와 음. 그것이 세미나를 선택하게 된 계기가 되었는가?

미키꼬 저는 선생님의 세미나에 들어올 결심을 한 다음 보고회에 갔습니다.

이시카와 호오, 무엇으로 결정했지?

미키꼬 저는 '위안부'란 말은
알고 있었어요. 중학교 교과서 위쪽에 뒤죽박죽 섞여 있는 사진 해설에 이름만 덜렁 나와 있는 '종군위안부.' 수업시간에도 그 부분은 대충
넘어갔기 때문에 관심도 갖지 않았어요. 오랜만에 그 언어를 본 것이 이시카와 선생님의 세미나 안내문에서 '종군위안부'라는 단어를 보고, '저, 저거 본 적이 있는데' 하고 생각했습니다. 저는 비교적 아시아 역사에 흥미를 갖고 있어서…… 우리 집 근처에는 조선인이 많이 살고 있어요. 고등학교 때는 한국

과 자매결연을 맺은 학교를 다녀 문화교류도 잦았고, 고등학교 제2외국어로 이따금 한국어를 배웠습니다. 하지만 일본과 한국의 사이가 나쁘잖아요. 지금까지 쭉 왜 그럴까 생각했었어요.

하지만 일본이 나쁜 짓을 했다고는 생각해 본 적도 없었고, 무엇 때문에 사이가 나쁜지 전혀 몰랐어요……. 늘 여름이면 드라마로 보았던 여러 가지 전쟁 이야기.

일동　　응응.

미키꼬　　전쟁으로 일본이 비참한 지경에 빠졌다는 이야기. 그렇게 자주 보며 늘 눈물짓곤 했는데, 일본이 나쁜 짓을 했다고는, 전쟁을 벌었다고는 생각하지 않았어요. 그렇게 살아왔으므로 역사 전체적으로 무슨 일이 있었는지 한 번이라도 공부해 보고 싶어서. 그래서 이시카와 선생님의 세미나가 가장 적합하겠다 생각했습니다.

도모꼬　　저는 '위안부'의 존재  를 중학교 때 알았습니다. 선생님은 '종군위안부가 있었다'고 말씀하실 뿐 실태는 자세히 가르쳐 주지 않았어요. 그래서 저는 간호사나 병사들의 밥을 짓거나 옷을 빨아 주는 도우미 정도로 생각했습니다. 고등학교 때는 배우지 않았지만 대학에 와서 이 세미나에 들어오려 생각했을 때, 선고(選考)를 위해 레포트를 쓰는 과제가 있었잖아요. '위안부' 문제에 대해 조사해서 써오라고 했던……. 그때 공부하면서 전혀 내가 생각하고 있던 이미지와 달라 마음 깊이 충격을 느꼈어요.

나와 나이가 같거나 어린 여성이 다른 나라의 군대에 끌려가 성노예가 되었다니……. 그때까지 '위안부'들은 좋은 일을 했다고 생각하고 있었어요. 병사들을 위해 빨래하거나 밥짓는 일을 한 것으로만 생각했어요. 하지만 실태는 전혀 달랐어요. 그토록 비참한 일이었기에, 중학교·고등학교에서 가르쳐 주지 않았구나 생각하게…….

그래서 흥미를 느낀 건 아니에요, 같은 여성으로서 심한 충격을 받았고 슬펐습니다. 이것이 계기가 되었기 때문에 처음부터 이 문제에 파고들었습니다. 책을 통해 공부할 때도, 한국에 갔을 때도 느낀 것이 매우 많았습니다.

나오 저는 고등학교 사회과 선생님이 가르쳐 주셨어요. 존경하는 선생님으로 수업 도중에 '모르고 있는 역사의 한 부분' 같은 것을 이따금 이야기해 주시는 분이셨습니다. 그  선생님이 '위안부' 문제도 말씀해 주셔서 심한 충격을 받았습니다. 또 731부대(구일본군 세균전 부대로 중국인 포로 등에게 생체실험을 행했다)에 대해서도 가르쳐 주셨는데 그것도 충격이었습니다. 저도 줄곧 일본은 전쟁의 피해자로만 생각하고 있었으니까요. 그러한 여러 이야기를 듣고 '어, 다르네' 생각했어요.

한국이나 중국이 일본에 대해 나쁜 이미지를 갖고 있다니, 왜 그런지, 무엇 때문인지 몰랐고, 또 그것이 어떤 것인지 잘 몰랐어요. 하지만 그 말을 들었을 때 '아, 그랬구나' '화를 내는 것도 당연하다'고 생각했습니다.

그래서 역사 인식이 바뀌기는 했지만, 특별히 어떻게 공부해야 하는지도 잘 모르겠고……. 대학에 들어와 '아시아사 입문'이라는 시간강사 선생님의 수업을 들었는데 재미있었어요. 그곳에서 미키꼬〔美季子〕도 만났어요.

미키꼬　응. (웃음)

나오　저, 그 수업 좋았어요. 하지만 '달리 내 관심을 끄는 강의가 별로 없구나' 생각하고 있을 때 이시카와 선생님의 세미나 안내문에 '위안부' 문제가 쓰여 있어서 '아 이것밖에 없다'고 생각했습니다.

아야꼬　'위안부' 문제를 중학교와 고등학교에서 배웠는지 모를 정도로 일본사를 싫어해서(웃음) 별로 기억나는 것이 없어요. 하지만 대학에서 1학년 때부터 줄곧 이시카와 선  생님의 수업을 듣고 선생님의 이야기 속에서 일본이 침략 전쟁을 일으켜 아시아에서 2천만 명이 넘는 사람이 희생되었다던가, '위안부'가 된 여성이 있었다는 등 심각하고 충격적인 이야기를 듣고 자극을 받았습니다. '나만 모르고 있었을 뿐이지 사회와 역사의 문제가 내 생활과 깊이 관련되어 있구나' 생각하게 되었어요.

미키꼬도 이야기했듯이, 저도 전쟁에 대해 그린 영화와 드라마를 좋아해서 자주 보곤 했어요. 할아버지, 할머니도 전쟁 이야기를 들려주셨어요. 할아버지는 전쟁중 식량난을 겪었다거나, 오랫동안 시베리아에 억류되어 있었다거나, 원자폭탄이 떨어졌을 때 히로시마가 대단히 심각했었다는 이야기를 들려주셨어요. 그런 식으로만 보고 들었으므로 줄곧 미국이 나쁘다든가, 일본의 적국이 나쁘다고만 생각했습니다. '일본은 피해자'라는 의식이 강했지요.

하지만 사실 그것은 일본이 일으킨 전쟁으로 인해, 일본군은 아시아 사람들을 많이 죽였다는 것을 알고 그것만으로도 심한 충격이었어요. 그런데 나와 비슷한 나이의 여자들이, 내 할아버지 세대의 사람들에게 성폭행당하거나 '위안소'에서 일했다는 것을 알고……. 이 일에 대해서는 배웠던 기억도 없지만, 이것은 가르쳐 줄 수도 없는 역사가 아닌가 하는 생각까지 했습니다. 가르쳐 주지 않는다면 스스로 공부할 수밖에 없다고 생각했어요. 그러한 여자들의 역사, 성(性)과 관련된 이야기는 금기시한다는 느낌이 들었어요. 하지만 이 세미나에서는 금기시되는 여성의 성을 포함하여 역사에 대해 확실하게 배울 수 있다는 느낌이 들었고, 여기에서 배울 수 있었다고 생각합니다.

도모까 저는 선생님의 열렬한 팬이라(웃음), 2학년 후기부터 선생님의 세미나에 들어왔습니다. 그때 세미나는 일본 근로자의 임금과 근로 시간, 여성이 직장에서 차별당하고 있는 이야기를 여러 자료를 통해 배우는 내용이었습니다. 몰랐던 것만큼 재미있었고, 모두 자유롭게 의견을 나눌 수 있는 분위기에서 사이가 좋아졌고 너무 즐거웠습니다.

도모꼬 즐거웠어요.

도모까 음. 저도 고등학교 때부터 한국어를 배웠지만, 아시아 여러 국가들이 일본을 어떻게 보고 있는지 전혀 몰랐고,

아무 생각 없이 한국 친구들과 편지를 나누거나 홈스테이를 하곤 했어요. 하지만 대학 1학년 봄, 오스트레일리아에 어학연수를 갔을 때, 일본인끼리 조금 커다란 목소리로 일본어  로 말을 하고 있는데, 중국인 아주머니가 "Shut up!"이라 말해, '어? 왜 그러지'하고 생각했습니다. 친구들에게 "무엇 때문에 지금 저런 식으로 말하는 거야?" 하고 물었더니, "중국과 일본은 본래 사이가 나빠"라고 말해, 저는 "어, 그래?"(웃음) 저는 아무것도 몰랐다고 생각합니다. 그런 계기로 아시아와 일본의 관계에 흥미를 갖고 공부하고 싶다는 생각을 했습니다. 나중에 세미나 선배들이 〈나눔의 집〉에 다녀온 후 행한 보고회에 가서, 나도 '위안부' 할머니들과 만나고 싶다는 생각을 하게 되었고, 공부하고 싶다는 생각을 하게 되었습니다.

봄방학 '숙제' — 알게 된 것의 충격

이시카와   다시 들어보니 모두 각양각색이네. 본래 세미나에 들어오기로 결정한 사람에게 봄방학 숙제를 내준다네. 요시미 요시아키〔吉見義明〕 씨의 《종군위안부》와 후와 데츠죠〔不破哲三〕 씨의 《역사 교과서와 일본의 전쟁》을…….

아야꼬   이거요. (책을 꺼낸다)

일동   아아, 그거야 그거.

이시카와 음, 그 책을 읽고 레포트를 써냈지. 그 책에서 특별히 인상에 남은 것이 있는가? 요시미 씨의 책은 '위안부' 문제 전체에 대해 매우 잘 정리된 해설서이다. 후와〔不破〕 씨의 책은 '일본의 전쟁은 정당했다'는 입장으로 쓰여진 〈새로운 역사 교과서를 만드는 회〉의 교과서 내용을 점검하는 형태를 취하면서, 아시아에 대한 일본의 침략 전쟁의 전체상을 정확하게 파악하려 한 내용이라네.

도모까 《역사 교과서와 일본의 전쟁》은 충격적이었어요 ……. 지금까지 공부해온 역사가 무엇인지를 생각하게 했어요.

아야꼬 매우 상세했어요. 내가 사용했던 교과서의 내용과, 실은 사실과 다른 점이 있음을 알게 되었어요.

도모꼬 저는 중학교와 고등학교에서 역사를 배울 때 아주 수동적이었어요. 외우는 것이 질색이었으므로 시험점수도 좋지 않았어요. 너무 부끄러운 이야기지만 별로 흥미가 없었어요. 그래서 머리에 들어오지도 않았고, '흥, 그런 사건은 지난 일이야'라며 방관하는 입장이었지요. 하지만 세미나에 들어와 배우기 위해 과제로 낸 책을 읽었을 때, '일본인이 이런 일을 했단 말이야!?' 처음으로 알게 되었습니다……. 한국을 식민지로 만들고 중국과 동남아시아로 침략했다는 것 자체가 놀라움이었지요.

일동 응, 그랬어.

도모꼬 일본인이 전쟁중에 비참한 처지에 빠진 것은 배워야 한다고 생각합니다. 하지만 다른 한편으로 일본이 남의 국가에 무슨 짓을 했는지 애매하게 피해가서는 안 된다고 생각합니다. 근본을 파고 들어가 보면, 일본이 군국주의로 심각하게 침략을 자행했고, 그 결과 연합국에게 패배한 것이지요. 하지만 결말은 '일본이 받은 피해'에만 초점을 맞추고 있지 않나 생각합니다.

도모까　그 책에 독일의 대통령이 행한 연설이 나왔지요? 그것을 읽고 '앗' 하고 놀랐어요. 독일 정부는 나치의 침략 전쟁을 반성하고 책임을 지고 바른 역사를 향해 가는 것으로 미래를 만들어 가려 하고 있다. "(독일인은) 자신들의 당시 정부와 대부분의 자기 아버지들이 자행한 대학살에 책임이 있고, 유럽의 여러 국가 국민에게 파멸을 불러왔다는 것을 알고 있다. 독일인의 대다수는 그 점에 고통을 느끼고 있다"는 인용문을 읽고 독일은 일본과 다른 국가구나 하는 생각을 했습니다.

이시카와　한국의 〈3·1독립운동〉에 관해서도 쓰여져 있지. 식민지 지배에 저항하며 일어난 한국 사람들이 있었고 그것을 일본 군대가 탄압했던 사건.

리에꼬　금년(2005년) 여름방학, 저는 개인적으로 분짱 등과 함께 한국에 가서 동시대 한국인들과 만났습니다. 그때 서대문 형무소 자리에 있는 역사관에 가서 식민지 시대, 일본의 지배에 저항하는 사람을 투옥시켜 고문하는 그림과 밀랍인형을 보았습니다. 너무도 참혹하고…… 그런 것을 보면 뭐랄까, '나는 저런 짓을 절대로 하고 싶지 않아' 라고 생각하겠지만, 만약 그 시대에 태어났더라면 자신을 지키기 위해, 어쩌면 같은 행위를 해야 하지 않았을까 하는 생각을 하니 두려워졌습니다. 그러므로 그러한 상황을 만들지 않는 것이 중요하다고 모두가 그렇게 말을 주고받았습니다.

이시카와 그렇지. 분명히 당시 전쟁중에는 그것에 반대하는 사람들을 국가가 전력을 다해 탄압하려 했고, 전쟁이 없을 때도 충분치는 않지만 개인의 사소한 자유와 권리조차 없었다네. 그러므로 전쟁이 시작되면 이미 늦은 거라고 전쟁을 체험한 사람들은 입을 모아 말하곤 하지. 이젠 두번 다시 그런 일이 일어나서는 안 되는 것이야. 그런데 요시미 씨의 책은 어땠는가?

아야꼬 군의 중앙 수뇌부가 지시해서 '위안소'를 만들었다는 것을 알 수 있는 사료가 나와 있었어요. 그것은 아주 충격적이었습니다. 업자가 '위안부'를 유괴하는 방법으로 '모집' 했다고 쓰여져 있었던 것도. 저는 밑줄을 그어 가며 읽었습니다. '군대에 위안부는 으레 있기 마련인가?' 하는 구절도 인상적이었습니다. 미국과 영국 군대의 실태에 대해서도 쓰여 있었어요. 일본이 행한 행위와 다른 국가의 사례는 구별해야 한다든가, 전쟁이 일어나면 여성을 성폭행하는 일이 자주 일어나는 것은 왜 그럴까 하는 것 등 여러 가지를 생각하게 했습니다.

군의 상층부는 병사들에 의한 강간을 방지하기 위해 '위안소'가 필요하다고 말했지만, 지금 일반적으로 생각해 보면 이상한 논리입니다. 납치당하여 강제로 '위안부'가 되는 것 자체가 강간과 똑같으니까요. 하지만 '그 시대에는 그런 생각이 버젓이 통했구나' 하고 생각했습니다. 여성을 물건과 똑같이 다루려는 사고방식은 어떻게 만들어졌을까도 생각했습니다. 전쟁이 끝난 이후에도 일본에 공창제도가 있었고, 매춘이 합법이던 시기가 있었다는 것이 저로서는 도저히 생각할 수 없는 일이지만······.

미키꼬　저는 줄곧 '위안부' 하면 조선인 뿐이라 생각했어요. 그 책을 읽기 전까지는. 하지만 마구잡이로 범위를 확대하여 네덜란드 사람까지 잡아들였다니 놀랐어요.

이시카와　인도네시아는 네덜란드의 식민지였으니까. 일본군이 그곳을 침략하여 '위안소'를 만들었지. 그리고 현지에 거주하고 있던 네덜란드인 여성을 '위안부'로 삼았지.

도모까　저는 이 책에 실려 있는 '위안소' 앞에서 병사들이 줄지어 있는 사진(아래), 이것이 싫어요.

도모꼬　이거 질색이야. 너저분하면서도 리얼해.

이시카와　어떤 부분이 싫은가?

아야꼬　이 옆줄로 튀어나와 찍혀 있는 사람, 웃고 있잖아요.

리에꼬　이 행위가 '보통,' 이것이 '일상'이었던 것처럼 보이는 사진.

도모꼬　어쩌면 병사들이니까, '그런 것을 하기 위해' 있는 여성이니까, 아무 신경도 쓰지 않는 듯한, 그러한 멸시가 아주 싫어요.

중국에 설치한 '위안소'

나오　그 책에서 미성년자도 잡아다 강제로 '위안부' 일을 시켰다는 것을 알고, '그런 짓을 하다니 너무 심하잖아' 생각했습니다. 또 아까 분짱이 말했듯이, 나도 공창제에 관해서는 몰랐습니다. '일본이 부끄러운 나라구나' 하고 생각했던 것도 기억나요.

아야꼬　한국의 여성단체가 1990년 문제 해결을 위해 일본에 요구한 요구가 쓰여져 있습니다. ① 일본정부는 조선인 여성들을 종군위안부로 강제 연행한 사실을 인정할 것, ② 그 점에 대해 공식으로 사죄할 것, ③ 모든 만행을 스스로 명확히 밝힐 것, ④ 희생당한 사람들을 위해 위령비를 세울 것, ⑤ 생존자와 유족들에게 보상할 것, ⑥ 이러한 과오를 다시 반복하지 않기 위해 역사 교육 중에 이 사실을 말할 것. 어느것도 실행되지 않았다. '뭐 하는 거야, 이 나라는' 하고 생각했고, 적어도 지금 살아 계신 할머니들이 살아 계신 동안에 이 모든 것을 행해야 한다, 정부가 하게 해야 한다고 생각했습니다.

도모꼬　하지만 지금의 일본정부는……

도모까　사실상 '위안부' 문제에 대해 무시하고 있지요.

리에꼬　너무도 화가 나. 하지만 지금의 느낌으로 보면 여하튼 우경화를 멈추지 않을 것 같은 모습인데……

도모까　나는 분짱이 읽어 주는 것을 들었어, 일본의 정치가가 실제로 있었던 사실을 계속 부정하고, 할머니들의 당연한 바람에 대답하려 하지 않는 것은 전혀 국익에도 도움이 안 된다고 생각해.

이시카와　그 점에서 독일과는 너무도 대조적이지. 독일은 국가간의 거래나 국가의 체면도 있었겠지. 하지만 침략의 책임을 인정하고 역사와 진지하게 마주 대했기 때문에, 일찍이 독일에 침략당한 국가들로부터 신뢰를 받고 좋은 관계를 만들어 가고 있지. '강제매춘' 등 남겨진 문제도 있지만 일본의 전후 처리와는 비교가 되지 않아.

도모까   정말 그래요. 일본도 국가를 이끄는 사람은 도쿄대나 와세다, 게이오대학을 나온 머리 좋은 사람들인데…….

아야꼬   음 뼈 있는 말인데. (웃음)

도모까   ……그렇까. (웃음) 나쁜 짓을 했으면 상대방에게 사죄하고 반성해야 된다는 것은 누구나 알고 있는 일이라 생각하는데.

읽고, 보고, 조사하고, 토론하고

이시카와   지금 일본정부의 이야기는 또 나중에 하기로 하고 세미나 이야기로 되돌아갈까.

4월부터 〈나눔의 집〉에 가서 9월까지 꽤 깊이 있게 공부했지. 매주 다섯 시간씩 세미나를 했고. 그래서 처음 배운 것, 배우고 놀란 점, 새로 나온 의문은 무엇인가? 혹은 가족이나 아르바이트하는 곳에서 옥신각신했을 사람이 있을지도 모르지. (웃음)

리에꼬   어떤 식으로 행했지…….

도모까   처음에는 작년 세미나 선배들이 〈나눔의 집〉에 갔다와서 낸 《할머니로부터의 숙제》(冬弓舍)를 읽었어요. 선배들의 좌담회, 우에노 데루마사[上野輝將] 선생의 긴 논문 〈일본군 위안부 문제를 생각한다〉 등등.

이시카와 비디오도 보았지.

일동 아, 봤어요, 봤어.

이시카와 예를 들어 〈증언·20세기의 유산〉(일본전파뉴스사). 구(舊)일본군 할아버지가 중국에서 "진흙 묻은 군홧발로 갓난아기를 밟아 죽였습니다"라며 눈물을 흘리면서 증언하기도 했었지.

도모꼬 그 이야기. 무서웠어요.

이시카와 다음 바우넷(VAWW-NET JAPAN=〈전쟁과 여성에 대한 폭력〉 일본네트워크)의 민중법정(2000년 '위안부' 문제에 피해국 등과 함께 개최한 '여성국제전범법정')의 비디오도 보았지. 그 비디오에는 "천황 히로히토[裕仁], 유죄"라는 말도 나왔으므로, 당연히 "천황이 어떤 자야?"라는 말도 나왔지.

그 외에도 비디오에는 중국인을 강제 연행하여 아키다겐[秋田縣]의 하나오카[花岡] 광산에서 가혹·열악한 노동에 저항했던 사람들을 학살한 사건의 기록 〈증언·중국인강제연행〉(일본전파뉴스사)이라든가, 나가사키[長崎]의 미츠비시 중공업 군수물자 생산에 관한 〈군수공장은 지금〉(일본전파뉴스사)도 보았지. 그것은 금년에 만들어진 것인데 헌법 문제와 무기 생산과 관련되어 있어서 질리도록 보았지. 게다가 바우넷의 대표였던 마츠이 야요리 씨의 비디오도 보았고.

자세한 사실 관계도 여러 가지로 조사를 행했지. '만주국'

'리톤 조사단' '한일기본조약,' 그리고 '일본이 행했던 전쟁은 올바른가' 하고 말하는 사람들의 주장도 검토했었지. '새로운 역사 교과서를 만드는 회'의 멤버가 '어떠한 교과서를 만들어야 할까'에 대해 서로 이야기를 나눈 토론회, 니시미 간지〔西尾幹二〕·후지오카 노부카츠〔藤岡信勝〕《국민의 부주의, 역사 교과서가 위험하다》(PHP연구소) 등. 특히 《국민의 부주의》는 1개월 정도 걸려 "여기에 실려 있는 이야기는 진짜 사실인가"라는 것을 조사했었지.

마지막으로 한중일 3국의 〈공동역사교재위원회〉연구자들이 토론을 거듭한 끝에 근현대사 교과서 《미래를 여는 역사》는 1회의 세미나를 행했었지. 그 책의 나머지 부분은 여름방학 '나눔 여행' 직전 세미나에서 한 번 행했고.

미키꼬　빠듯하게 했었네요.

리에꼬　한국의 역사도 일본의 역사도…….

아야꼬　바우넷 비디오를 볼 때 천황이 화제가 되었던 게 기억나. 어렸을 적부터 텔레비전을 통해 보면서, 왠지 나와 다른 사람이라 생각했었는데…….

미키꼬　어렸을 적, 얼마나 부러워했었던지.

일동　에이, 거짓말. (웃음)

미키꼬　그래서 열심히 움직였어. (웃음)

리에꼬　하지만 게으름만 피웠으면서……. (웃음)

아야꼬　뭐랄까, 나이든 사람들 중에는 황실 상황에 관해 상세하게 꿰고 있는 사람도 있어. 텔레비전 프로그램에도 '황실 앨범'이 있잖아.

나오　　뭐랄까, 싫은 분위기야. 그거……

아야꼬　　나도 세미나에서 공부하고 나서 싫어하게 되었는데, 아마 공부하지 않았더라면 "흠" "어 양복을 입었네" 하는 정도로 여기면서 살았겠지. 황실에 관한 좋은 뉴스가 나오면 "좋아 좋아" 하며 기뻐하는 사람도 텔레비전을 통해 보여지는 것만 보고 있을 뿐이야. 나의 친척도 아는 사람도 아닌데 왜 기뻐하는지 이상하게 여겼는데, 세미나에서 화제가 되었을 때도 '아아 그렇구나' 하는 의식이 이미 만들어져 있었던 것이 아닌가 하는 점도 생각하게 되었어.

미키꼬　　천황은 옛날에 신격화되었어.

아야꼬　　음, 어째서 그런 식으로 신격화되었는지 조사했어.

도모꼬　　나도 그 프로그램을 옛날에 보았는데, 좋게 생각하면서도 황실의 존재 가치를 몰랐다 말할 수 있을까, 저 사람들의 생활비는 우리들의 세금에서 나가잖아. (웃음) '상징이 뭐야?' 라고 생각했었어.

미키꼬　　그래. 외국인과 만나기도 하지만 특별히 하는 일도 없고 뭔가 내세울 만한 것도 없고.

이시카와　　대부분 천황에게는 외교뿐만 아니라 국정에 관한 일체의 권한이 없기 때문이지.

아야꼬　　그래서 본론으로 되돌아가면, 전쟁이 일어나기 전 천황이 주권자였던 시대, 일본은 온나라가 하나 되어 침략 전쟁을 향해 돌진해 갔는데, 그런 상황이 어떻게 이루어졌는지 매우 흥미로운 주제라 생각했어요. 그러한 시대의 국민 정신을 알려면, 그 전쟁의 실태를 파악해야 한다고 생각했어요. 반듯한 나라로서 침략 전쟁을 사죄하는 방향으로 바꿔 가려면, 그러한 의식까지 바꿔야 하기 때문이지.

나오 　가장 인상적인 것은 '위안소'를 이용했다는 사람이 2명 나온 비디오 〈침묵의 역사를 깨고 — 여성국제전범법정의 기록〉(비디오쥬쿠). 그 비디오를 보면서 전쟁이 인격마저 바꿔버리는구나 생각했어요. 너무도 평범한 옆집 할아버지처럼 보였는데……. 그 사람들은 나쁘다고 생각하지만, 평범한 한 인간을 저런 식으로 만들어 버린 침략 전쟁을 추진한 국가가 더 나쁘다고 생각했고, 그런 의미에서 군인들은 피해자라고 느꼈어요. 만약 그 시대에 태어났다면 나도 그만큼 가혹한 행위를 했을지도 모른다는 생각을 했어요. 무서워요.

리에꼬 　나는 '위안부'가 90년대에 증언을 시작한 것에 대해, "어째서 전후 50년이나 지난 지금에 와서 이야기를 꺼내는 거야" 하는 식으로 말하는 사람도 있음을 알게 되었  습니다. 세미나를 하면서도 소박하게 그러한 의문은 품는 사람도 있지만, '위안부'라는 존재 자체를 인정하려 들지 않는 사람들이 자주 하는 말임을 깨닫게 되었어요. 한국은 '순결'을 소중히 여기기 때문에 '위안부'는 '더럽혀진 존재'로 여겨졌고, 자신의 체험을 고백하는 것 자체가 편견과의 싸움이 필요했다는 것. 하지만 그후 한국 사회에서 일본군 '위안부'를 지원하는 사람들의 운동으로 패러다임의 전환이 일어났고, 지금은 '위안부'를 일본군의 피해자로 인식하는 사람이 다수파가 되어 있다는 것을 비로소 알게 되었어요.

일본군 '위안부' 의 고발에 대해, 일본정부는 대체로 개인에 대한 손해배상은 1965년 한일기본조약으로 해결이 끝났다며 들은 체도 하지 않고 있습니다. 하지만 한일기본조약은 당시 한국의 군사정권이 졸속으로 강행했다는 경위도 있습니다. 또 '위안부' 문제는 당시 사실조차 몰랐었는데, 지금 이렇게까지 문제가 되는 것에 대해 일본이 아무 일도 하지 않는건 말도 안 된다고 생각합니다.

아야꼬　이후에 야스쿠니 신사에 대해서도 조사했어요. 전쟁 이전에, 전쟁터에 나가 전사하면 '영령' 으로 야스쿠니에 모셔진다는 것으로, 국가를 위해 죽는다는 사고방식이 확산되었고, 지금도 A급 전범을 참배하고 있을 뿐만 아니라, 침략 전쟁은 '대동아공영권' 을 만들기 위한 올바른 전쟁이었다, 나쁜 것은 연합국과 미국이라고 선전하고 있잖아요. 그 정도를 알게 되었어요. 전범의 종류도 A급, B급, C급이 있는데, 그것은 순위가 아니라 전쟁 범죄의 내용으로 분류되는 것이라는 점도.

도모까　제가 조사한 내용 중에서 기억에 남는 것은, 유럽과 미국의 지배를 받은 동남아시아 사람들은 처음 일본군이 왔을 때 구미의 식민지 지배에서 해방시켜 준다고 생각했는데 사실은 달랐다는 점이에요. '대동아공영권(大東亞共榮圈, 제2차 세계대전 당시 일본이 아시아의 여러 나라를 침략하며 내세운 정치 슬로건)' 을 만들겠다는 일본의 계획은, 사실 자신들의 영토 확장이 목표였으니까요. 그래서 미얀마나 말레이시아 사람들도 처음에는 해방된다고 생각하며 기뻐했을지 모르지만, 나중에는 일본에게 지배된다는 것을 알고 모두 저항했잖아요.

도모꼬 비디오에서 중국인이 강제 연행되어 사할린에서 혹독한 생활을 강요당했다는 이야기가 있었잖아요?

이시카와 조금전의 〈증언·중국인 강제연행〉.

도모꼬 아, 그거요. 할아버지가 질나쁜 식사를 하고 설사를 했을 때, 일본인 어린이가 "중국놈, 냄새나"라며 놀리며 눈을 뭉쳐 던졌다는 이야기. 심하다고 생각했는데……

아야꼬 그러한 차별 의식은 비디오 속의 역사이거나 옛날 일이 아니라 지금도 일어나고 있는 일이에요. "여름에 한국에 다녀왔어요"라고 나이든 사람들에게 말하면 "한국에 무엇하러 갔어"라고 말하곤 했어요. 그래서 "역사 공부를 하러 갔다"고 말하면 "그런 나라에서 배울 것이 뭐가 있다고?"라고.

일동 예에.

아야꼬 심한 이야기지만 그런 시대에 산 사람들은 차별 의식이 뿌리깊게 박혀 있다는 느낌이 들어요.

이시카와 그 사람의 나이는 어느 정도인가?

아야꼬 70세가 조금 넘었어요. 평상시에는 좋은 사람인데, 야스쿠니에 대해서도 '전범을 제사 지내는 것은 나쁘다'고 말하고, 전쟁중 큰일이 있었던 것은 전범의 탓이라는 의식도 갖고 있지만, 중국이나 한국 같은 아시아 국가는 멸시하고 있어요. 대단히 복잡해요.

미키꼬 내 주변의 사람들도 무조건 조선인은 싫어하고, 내가 한국어 배우는 것을 놀리며, 절대로 조선인과 결혼하지 말라고 농담을 하곤 해요. "뭐가 싫어요?"라고 물은 적도 있어요.

우리집 주변에는 조선인이 많이 살고 있는데, 뭐랄까 그 사람들이나 생활 환경이 더럽다고 말하면서……

도모까　그러면 〈나눔의 집〉에 가는 것에 대해서는 어떻게 말했어?

미키꼬　가는 것에 대해서는 전혀 아무 말도 하지 않고, "선물 갖고 와"라고 말했어. (웃음)

일동　어어.

리에꼬　근데 왜 미키꼬는 한국어 공부를 하게 되었어?

미키꼬　고등학교 제2외국어, 프랑스어를 제1희망으로 써냈는데 떨어졌어. (웃음) 그래서 한국어가 되었지.

일동　뭐야. (웃음)

리에꼬　그때 주변 사람들이 반대하면 어떻게 해야 할지 고민하지 않았어?

미키꼬　부끄럽지만 나도 차별 의식을 갖고 있었어요.

이시카와　차별 의식을 갖고 있는 것은 언제쯤 자각하게 되었지? 자기 속에 차별 의식이 있다는 것을.

미키꼬　훨씬 이전부터요. 언제쯤일까. 보육원 다닐 때부터 주변 어른들이 조선 사람을 싫어한다는 것을 알았어요……. 보육원에도 조선인이 있었고, 재일조선인이 원장 선생님인 때도 있었는데 학부모들이 싫어했어요. 그래서 어린 마음에 왜 저토록 싫어할까, 그 사람들과 무엇이 다를까, 이상하다고 생각했어요. 조선 사람이 왜 일본에 와 있을까 하는 생각도 했고요. 그런 환경 속에서 나도 모르게 내 속에도 차별 의식이 쌓이지 않았을까요.

도모꼬   결국 뭔가 구체적인 이유가 있는 것이 아니라, 무심코 만들어진 의식이구나. 서로에 관한 것을 이해하기만 하면 차별하려 들지 않을텐데.

이시카와   '더럽다' 라는 것은, 설령 그렇다 해도 가난함이 배경에 깔려 있는 것이지. 경제적으로도 차별당해 깨끗하게 생활할 수 없는 실상이 있는데도.

〈나눔의 집〉— 눈으로 본 현실의 무게

이시카와   9월 한국에 갔을 때 이야기를 해볼까. 〈나눔의 집〉에 가서 할머니와 만나 직접 증언을 듣고 〈일본군 '위안부' 역사관〉도 보았지. 수요시위에도 참가했고.

도모꼬   〈나눔의 집〉에 도착했을 때, 먼저 자료 비디오를 보는 방이 있었잖아요? 그곳에 한국의 어린이들이 보낸 할머니를 격려하는 편지가 전시되어 있었어요. 그것을 슬쩍 보았을 때, 새삼스럽게 일본군이 무슨 짓을 했는지 추궁당하는 느낌이 들었고, 진짜 밉다는 생각을 했으며, 같은 일본인으로서 부끄럽다고 생각했어요.

아야꼬   바로 뒤 역사관에 들어갔는데 그곳에서 가장 충격적이었던 것은 재현된 '위안소' 방. 허술한 침대와 쇠대야가 놓여 있었고……. 몸은 아프지 않았는데 기분이 나쁘다고나 할까요, 너무도 특별하고 꺼림직한 분위기였어요.

할머니의 이야기를 들으러 갔어요. 그 방을 보고 증언을 듣는 것이 무서워졌어요. 할 수만 있으면 듣지 않고 돌아가고 싶은 기분이었는데…….

리에꼬　뭐랄까, 온몸으로 눈길조차 피하고 싶은 것을 보고만 느낌이랄까. 결국 볼 수밖에 없었지만…….

도모까　지금까지 돌아가신 할머니들의 유품도 놓여 있어서…… 슬펐어요.

아야꼬　그곳에는 당시 사용되었던 콘돔도 전시되어 있었는데 '아아 보고 싶지 않아……' 라고나 할까. 만약 진짜 나올 수만 있다면 물러 나오고 싶었고, 왜 이 문제를 공부하려고 했을까 하는 것까지도 생각했었어요. 이토록 무겁게 짓누르는 것으로 가득 찬 곳에 왜 발을 들여놓았나 생각했어요.

리에꼬　뒤의 역사관에 있는 '위안소' 의 분포도를 나타낸 지도와, 일본의 정치가와 각료들이 행한 '망언록' 도 인상에 남았습니다. '분포도' 는 이토록 넓은 지역에 이렇게 많은 '위안소' 가 있었던 것에 놀랐고…….

미키꼬　문장과 숫자로 보는 것보다 한눈에 쉽게 알 수 있었어요. '터무니없을 정도로 많았어.'

이시카와　그렇지. 그 한곳 한곳에 많은 피해자가 있었을 테니…….

리에꼬　'망언록' 쪽은 " '위안부' 가 당시 공창이었다"라던가 " '종군위안부' 라는 말은 당시 없었다" 등 정치가들의 발언을 잘 정리해서 게시되어 있었어요. 너무 많아서 지금 일본의 정부나 여당의 정치가는 이 문제를 진지하게 해결하려는 마음이 없다는 것을 새삼스럽게 느꼈습니다.

미키꼬　　정부는 어째서 사죄와 보상을 하려 하지 않는 것일까요?

이시카와　정부가 관여한 것은 1992년 가토 관방장관의 담화와 1993년 고노 관방장관의 담화로 일단은 인정했지. 하지만 보상 문제는 앞에서도 나왔듯이, '한일기본조약에서 이미 끝난 일이므로 개인 보상은 할 수 없다'는 것이 이유이지. 그래서 "부족하다면 '여성을 위한 아시아 평화국민기금'을 만들어 그쪽에서 돈을 건낸다"는 태도를 취해왔지.

리에꼬　　'아시아 여성기금'은 국가와 관계가 없나요.

도모까　　모금이잖아.

이시카와　기금 운영에 돈을 내고 있으니까 정부가 전혀 관계없는 것은 아니지. 하지만 기금에서 지불은 '보상금'이지 배상금이 아니야. 게다가 '사죄'라는 문장을 쓴 하시모토 수상은 직전에 야스쿠니 신사에 공식 참배를 했었고.

　자, 앞으로 나가 볼까. 역사관을 본 후 할머니의 증언을 들었지. 문필기 씨.

아야꼬　　할머니의 모습을 보았을 때 지금까지 내가 공부해 온 것을 직접 체험한 사람이 눈앞에 있다는 사실이 믿겨지지 않았어……. 아직 살아 있고 눈앞에서 그 사람이 직접 이야기를 해주고 있다. 우리들이 책으로 읽어 왔던 일들은 먼 역사가 아니라 진짜 최근의 일이었구나…….

　그런 의미에서 책을 통해 공부할 때는 '훨씬 과거의 일'을 배운다는 느낌을 갖고 있었어요. 하지만 그렇지 않았어, 이 할머니는 지금도 고통스럽고 자신의 몸에 일어난 문제에 대해 지금도 일본정부에 사죄를 요구하고 있다, 그와 같은 "지금 일어나고 있는 문제"인 것을 실제로 할머니를 만남으로써 느끼게 되었습니다.

이시카와 그렇지. 보통 할머니들과 다를 것이 없지. 요컨대 할머니들도 평범하게 생활해 왔다면 자네들과 비슷한 또래의 손주들에게 둘러싸여 생활할 수 있었겠지.

도모꼬 저는 일본에 의해 성노예가 된 할머니들이 일본을 아주 싫어하고 일본인을 만나는 것도 싫어할 것이라 여겼습니다. 하지만 그날 우리들에게 쓰라린 체험을 증언해 주신 문필기 씨, 그리고 그날 밤 함께 노래를 불렀던 할머니도 있었고…….

이시카와 배춘희 씨이지.

도모꼬 예. 여러 사람이 함께하고 있었어요. 내가 옛날 '위안부'로 상대방 나라에 끌려갔다가, 지금 어떻게든 살아 남아 있다면, 만약 그 상대국 사람이 찾아왔을 때 함께 밥을 먹거나 노래를 부를 수 있을까 하는 생각을 해보니, 도저히 불가능할지도 모른다는 생각을 했어요. 그렇게 생각하니 더욱 기분이 복잡해졌어요.

미키꼬 할머니는 증언한 날 밤에는 옛날 겪었던 일들을 악몽으로 꾸게 된다고 〈나눔의 집〉에 있는 야지마[矢嶋] 씨가 말해 주었어요. 저는 할머니에게 너무 나쁜 짓을 하는구나 생각했어요.

이시카와 "나는 많은 군인들에게 당했습니다"라고 남들 앞에서 말하는 것조차도 너무 힘든 일이지. 비디오 카메라를 바라보며 말하는 것과는 또 다른 것이야. 눈앞에 있는 사람들이 어떻게 생각하며 자신을 바라보고 있는지 그런 점까지도 생각하면서 말해야 하니까.

일동　음.

도모까　저는 〈나눔의 집〉에서 좀더 많은 할머니들과 만나야지 생각했어요. 하지만 역시 일본인과 만나고 싶어하지 않는 할머니도 계셨고, 그건 당연하다는 생각을 했어요. 그런 만큼 이야기를 들려주신 문필기 씨가 많이 고마워요.

이시카와　그녀는 "당신들에게 죄가 있다고 생각하지 않는다"고 말했었지.

나오　마지막으로 "감사합니다"를 반복했어요.

도모까　그 가냘픈 목소리가 고통스러웠어요……. 책을 읽고 배우는 것도 물론 중요하지만, 역시 본인의 입을 통해 듣는 것과는 전혀 달라요. 뭐라 말해야 좋을지 모르겠지만, 전혀 달랐어요. 저는 심하다고 생각할지 모르지만 "이것은 심각한 문제지만, 지금 일본은 전쟁을 하지 않으니까, 내 주변에서는 절대로 일어나지 않을 일, 옛날 일"일 뿐이라는 마음이 어딘가에 잠재되어 있었어요. 나와는 떼어 놓고 생각하고 싶어했어요. 하지만 실제로 할머니를 만나 증언을 듣고, 무엇을 요구하고 있는지를 듣고 난 후 그렇게 생각하지 않게 되었어요.

도모꼬　현실감을 느꼈다는 건가?

도모까　응, 그 '현실감'이란 말이, 내가 느끼고 있는 것을 말로 표현할 수 있는 것인지 아닌지 알 수 없지만, 그래도 굳이 표현한다면 그럴지도…….

리에꼬　다음날 호텔로 돌아왔을 때, 모두가 할머니들에 대해 "정말 너무 불쌍해"라고 말한 것이 기억나요.

도모꼬   줄곧 '만약 내가 그런 일을 당했더라면……' 하고 생각했어요.

이시카와   할머니의 증언을 들은 후 여러분은 어떤 말을 나누었지?

도모꼬   호텔에서는 "있을 수 없는 일이야"라고. 저런 경험이나 인생이…….

도모까   상상했던 것 이상으로 일본에게 혹독한 일을 당해 왔구나 하는 느낌이었어요.

리에꼬   조선어로 말하는 것을 금지당하고, 한마디라도 말하면 무턱대고 화내고 때리고, 늘 감시당하며 자유가 없었다, 도망가려 해도 도망갈 수조차 없는 상황을. 다시 생각할 수 있을까요. 저라면 견디지 못하고 죽어 버렸겠지요.

도모꼬   군인에게 뜨거운 불쏘시개로 위협당하고 화상을 입곤 했다니…… 미칠 것만 같아요.

일동   응.

아야꼬   저는 호텔로 돌아와서 밤에 한국의 텔레비전 방송국이 만든 '위안부' 문제에 관한 프로그램을 보았어요. 말은 알아들을 수 없었지만, 뭐랄까 그 체험을 표현하는 극도 재현되었어요. 그것을 보면서 할머니의 증언이 떠올라 줄곧 '정말로 있었던 일이구나' 하고 생각했어요.

기분이 정리되지 않은 상태에서 혼란스럽다고나 할까, '정말 있었던 일이구나' '정말 있었던 일이구나' 만 생각하면서……. 눈앞에서 이야기를 듣는 것만으로도 얼마나 심한 동요를 느꼈던지, 기분을 어떻게 표현하고 어떻게 친구들과 이야기를 해야 좋을지 몰랐어요. 무엇을 이야기해야 좋을지 알 수 없었어요. '정말 있었던 일이구나' 하는 것밖에 다른 것은 아무것도 생각나지 않았어요.

도모꼬　　받아들이는 데 시간이 걸렸어요.

리에꼬　　그것은 터무니없는 일이었어.

이시카와　그런데 할머니의 이야기를 들은 다음날, 일본대사관 앞에서 열리는 '수요시위'에 참가했지. 하마노〔濱野〕, 오오니시〔大西〕, 니시무라〔西村〕 등은 세미나를 대표하여 발언을 했었지.

리에꼬　　세 사람이 말하는 것 저는 차분히 들었어요.

아야꼬　　저의 머릿속은 내가 발언할 것에 대한 생각만으로 가득 차 있었어요. (웃음) 내 이야기가 끝나고 나서야 비로소 주변의 상황이 보이기 시작했어요…….

이시카와　발언하는 사람은 집회에 가는 도중 버스 안에서 제비뽑기로 결정했었지. 그때 정해지는 순간부터 이미 머릿속이 가득 찼는가?

아야꼬　　예.

나오　　　머릿속이 가득 찼다고 하니까 말인데…… 저는 할머니의 증언을 들을 때 느꼈는데. 모두 조금은 다를지도 모르지만 말이예요. 어떻게 하지…… 뭐랄까 좀더 무엇인가를 느껴야지 생각했지만, 뭐라고 말해야 좋을지 잘 알고 있었지만, 여전히 현실적이지 않았어요. 그러니까 만약 할머니의 이야기를 듣고도, 좀전에 도모까〔智加〕나 분짱이 말한 것 같은 느낌을 받지 못한 사람도 있을 것이라 생각해요.

저의 경우, 증언을 들은 후에 할머니 방까지 모시고 가서 그 곳에서 손을 잡는 순간 가슴이 뭉클했어요. 잡은 손이 너무도 자그마해서…… 나도 키가 작은데, 나보다도 훨씬 작았어요. 그 순간에 이 사람이 겪은 일이 얼마나 굴욕적이었을지 깊이 생각하게 되었어요.

그래서 저는 수요시위 자리에서 느낀 점을 그대로 말했어요. 나보다도 작은 할머니 위로 덩치 큰 군인들이 몇 명씩이나 덮쳤을 것을 생각하니 너무 싫은 기분, 진정으로 가슴이 저려왔어요……. 눈물어린 목소리가 되어 버렸지요. (웃음)

미키꼬　저, 나오(奈緒)가 말할 때 꽤 위태로웠어요.

도모까　저도. 후둘후둘 떨었어요. (웃음)

나오　발언할 대표로 선발된 것은 운이 좋았다고 생각해요. '수요시위'에서 내가 배우고 있는 문제를 또다시 실감할 수 있었으니까요.

도모까　음, 알겠다.

아야꼬　저는 일본의 역사 교육이 그 전쟁은 정당했는가 하는 점을 철저하게 가르치는 방향으로 가야 한다고 말했어요. 이제 20세가 넘어 선거권을 갖고 국가를 움직이는 사람들 속에 들어가게 되므로 역사 교육에 무관심하면 안 된다고 생각했어요. 이 역사를 전해야만 하고, 할머니들에게 사죄하는 정부를 만들어 가는 사람이 되고 싶다고 말했습니다. 갑자기 정부를 움직이는 그런 굉장한 일을 할 수는 없지만, 할머니를 만나는 것, 내가 공부해 온 것을 내 주변에, 주위 사람들에게 전하고 싶다고. 지금 내가 할 수 있는 것을 버스 속에서 생각했을 때 그것이 진짜 중요한 일이라 생각했으므로.

이시카와   하마노(濱野) 씨는 무슨 말을 했지?

도모까   저는 처음에 세미나 소개를 했습니다. 4월부터 매주 다섯 시간 공부해 왔던 것, 〈나눔의 집〉을 방문하기 전에는 어떤 얼굴로 할머니들과 만나면 좋을지 몰랐다는 것, 〈나눔의 집〉에서 증언을 들은 것, 나중에 할머니들은 일본인인 우리들에게 마음을 써주셔서 기분이 좋았던 점을 말했습니다.

이야기를 끝내고 나오(奈緖)에게 마이크를 건네주고, 나오의 이야기를 들으면서 눈물이 뚝뚝 흘렸어요. 그후 분짱이 말할 때 조금 얼굴을 들고 할머니들을 볼 수 있었어요. 분짱이 "앞으로 우리들이 사회를 만들어 갈 입장입니다. 친구와 주변 어른들에게 이 문제를 전하겠습니다"고 말하는 순간, 앞에 앉아 있던 할머니가 수긍해 주었어요. 저는 그것이 너무도 기뻤습니다.

아야꼬   할머니들은 그것을 희망하고 있었겠지요…….

도모까   역시 그때 지금껏 배운 것을 자기 만족으로 끝내면 안 되는구나 생각했어요.

리에꼬   세 사람이 말한 니용은 간결했지만 진실로 '아아 그렇구나' 하고 공감했어요.

도모까   집회에 가는 버스 안에서 전원이 자신의 의견을 말해 주었잖아. 그것을 정리해서 발언하면 3명이 대표로 말하는 것도 '모두의 의견'이라 생각했어.

아야꼬, 나오   음.

이제부터는 나라를 어떻게 이끌어 갈 것인가, 어떻게 살아갈 것인가

이시카와 한국에서 여러 가지 일을 보고 들으며 생각할 수 있었는데, 그러한 체험은 앞으로 어떻게 연결시켜 갈 것인가. 앞에서 나왔던 것처럼, 세미나에서 배운 것은 결코 먼 옛날 일이 아니라, 지금 나와 우리가 살아가고 있는 일본 사회와 직결되어 있는 일이다. 그러한 가운데 앞으로 무엇을 해야 할 필요가 있을까.

도모꼬 저는 '위안부' 문제를 배움으로써 아시아와 일본의 관계에 매우 민감해졌습니다. 고이즈미 수상이 야스쿠니 신사에 참배하여 중국과 한국과의 관계가 더욱 악화되었잖아요. 그래도 고이즈미 씨는 '개인의 심정적인 문제다' 라고 되받으며 반성하지 않고, 외무대신 아소(麻生) 씨도 같은 입장이잖아요. 이러한 상황이 매우 불안합니다. 자민당도 '신헌법'안을 내놓고 있고…….

아야꼬 일본은 전쟁에 패배한 후 남의 나를 침략한 것을 반성하고 다시는 그러한 일을 하지 않는 나라로 만들었어야 했어요. 그래서 전쟁은 포기한다, 군대는 갖지 않는다, 국가의 교전권도 인정하지 않는다며 일본국헌법을 만들었잖아요. 하지만 미국이 일본을 자기들 형편에 맞게 이용하려 들고, 자위대도 만들었고 자민당은 헌법을 바꾸는 것을 목적으로 만들어졌잖아요. 헌법을 지키자는 여론도 강하니까 개헌은 되지 않겠지만,

자위대는 점점 강력해지고 있고, 이라크에 파병도 하고…… 그러한 점을 저도 이시카와 선생님 수업에서 들었어요.

이시카와 자민당이 제출한 〈신헌법초안〉(2005년 10월)은 '위안부' 문제와 관련된 점도 많지. 지금 헌법의 전문은 비참한 전쟁의 역사를 두번 다시 반복하지 않는다, 침략 전쟁을 하지 않는다, 전쟁을 하지 않음으로써 주변 국가의 신뢰를 얻겠다는 의미로 쓰여지지 않았는가. 자민당 초안은 그러한 침략전쟁에 대한 반성을 완전히 삭제하고 있어. 한 줄도 없지.

도모꼬 '정부의 행위에 따라 다시 전쟁의 참화가 일어나는 일이 없도록……' 하는 문장이 없어졌다는 말인가요?

아야꼬 그래요.

이시카와 "그 전쟁을 반성합니다"로 시작한 일본의 전후사를 "특별히 반성할 필요가 없다"고 하는 헌법으로 바꾸려 하고 있지. '위안부' 문제는 침략 행위 가운데 매우 큰 가해 행위임에도, 그 전쟁 자체를 반성하지 않는 헌법이 된다면 '위안부' 문제는 더욱 무시하며 반성하지 않게 되겠지.

도모꼬 너무해……. 침략의 역사는 없었던 것으로 만들려는 것일까.

이시카와 그렇지. 〈신헌법초안〉을 만든 자민당이 지금 어떤 정치를 행하고 있는지 서로 관련지어서 읽어야 하지. 지금 자민당 사람들은 고이즈미 씨도 아소 씨도 야스쿠니에 참배하는 사람들이야. 침략 전쟁과 식민지 지배에 대해서도 "좋은 일이었다"고 태연하게 말하는 사람들이지. 그러한 생각을 갖고 있는 사람들을 만들자는 것이 초안의 내용이지.

아야꼬　　그 안건은 지금 헌법 9조 2항을 없애고, 자위대는 '자위군'으로 만들고, 자위군이 국제적으로 활동해야 한다는 것이 쓰여 있지. 요컨대 자민당의 안건은 일본의 군대가 외국에 가서 전쟁을 한다, 요컨대 외국 사람을 죽이는 국가가 되어도 괜찮다는 것이지.

이시카와　　자유와 권리의 문제도 "늘 공익 및 공공의 질서에 위반하지 않도록 자유를 누리고, 권리를 행사할 의무를 진다"고 쓰여져 있다네. 개인의 권리와 자유 위에 국가가 있지. 그러한 것은 전쟁 전 대일본제국헌법의 발상이라 생각한다네.

도모까　　위험한 일이야.

도모꼬　　저는 그러한 지금의 정치 움직임이 무섭다고 생각하며, 그러한 움직임이 있어도 그저 "헌법이 바뀌었네, 음" 하고 관심을 갖지 않는 사람이 있는 사회 현상도 무서워요. 정치와 헌법은 '윗사람'이 행하는 것으로 여기거나, 어차피 자기의 의견은 받아들여지지 않는다고 생각하는 그런 기분을 모르는 것은 아니지만……

도모까　　만약 다른 대학에 다니거나 다른 선생님의 세미나에 들어갔다면 나도 이러한 문제 의식은 갖지 않았을지도 모른다고 생각해요. 지금 모두가 하는 이야기를 들으니.

아야꼬　　나도 '수요시위'에서 역사의 사실을 주위 사람들에게 전하겠다고 선언했고, 친구들에게 그런 이야기를 하면, 뭐랄까 "열혈 분짱이야"라 말해요. (웃음) '열혈이니 뭐니 그런 문제가 아니지 않은가'라 생각하지만…… "힘내, 대단하네"라고 말해 주는 경우도 있고, 하지만 내가 특별히 사회 운동에 열광

적인 것도 아니고 '대단한' 사람도 아닌데. (웃음)

일동　　　그래. 평범해. (웃음)

아야꼬　　일상적으로 생각해서 필요하다고 생각되는 일을 하고 있을 뿐이야. "대단하다"고 말하는 사람도 악의가 있어서 그렇게 말하는 것도 아니지만, 같은 사회에서 함께 살고 있는데 그런 식의 말을 들으면 기분이 복잡해져. 그 사람들도 나와 같이 생각하게 하려면 어떤 식으로 전해야 좋을지 내 마음속도 답답하고 개운치가 않아.

도모까　　어렵네.

미키꼬　　나도 한국에 다니러갈 때 학원 아르바이트를 쉬었거든. 다녀와서 아르바이트하러 갔더니, 중학생이 "뭐하러 갔었냐" "어디에 갔다 왔냐"고 물었어. 한국에 〈나눔의 집〉이란 곳이 있고 세미나에서 공부하러 갔다 왔다고 말해 주었지. 하지만 학생들은 "정치에는 관심없다"라든가 "그런거 일일이 말하지 말고 전부 백지로 돌렸으면 좋겠다"고 말했어. 마침 일본사를 배우고 있는 아이들이었어. 역사를 배우고 있는 아이들 입에서 그런 말이 나온다는 것은 역시 학교의 역사 교육이 스스로 생각할 수 있는 힘을 가르치지 않는 점에 심각한 문제가 있다고 느꼈어. 하지만 나도 대학생이 되어서 이 나이에 와서 겨우 배우기는 했지만.

아야꼬　　중학교와 고등학교는 시험에서 점수를 따기 위한 공부만 하니까. "어째서 이런 일이 일어났는가," 역사의 사실이라든가 그 이유에 대해 배우는 것은 당장 활용할 수 있는 공부가 안 된다고 생각하니까.

리에꼬 근대사도 별로 배우거나 공부하지 않아.

미키꼬 그러니까 역시 교육의 내용이 중요하다고 생각해. 고이즈미 수상이 인기 있다느니, 뭔지 알 수 없지만 이미지라던가 비주얼 같은 것을 생각하지. 하지만 고이즈미 씨를 지지하고 있는 사람도 특별히 그의 외교정책에 대해 모르고 지지하는 사람도 많지 않을까. 나도 지금 생각해보면 초등학교 때는 좀 더 정치에 관해 배우고 싶었어. 우리들도 할머니도 결국 여러 가지 일들을 호소할 상대는 정부거든. 하지만 지금 정치를 움직이고 있는 자들이 어떤 생각을 갖고 있는지 우리도 지금까지 몰랐잖아. 그것을 알게 된다면, 이러한 공부나 활동에도 좀더 많은 사람이 관심을 가질 것이라 생각해.

도모까 뉴스라든가 텔레비전 프로그램도 결국 편협한 이미지로 흘러가잖아.

리에꼬 이전에 관방장관이던 아베 신조 씨 말이야. 나는 이 세미나에서 공부하기 전에는 그 사람이 텔레비전에 나오는 것을 보고 신사적이고 멋쟁이라 생각했었어.

도모까 아, 나도.

리에꼬 하지만 공부하고 나서 사상이 거칠고 사나운 매파정치인으로, 헌법 9조도 "절대적으로 바꿔야 한다"고 말하는 것을 알고 놀랐어요. 하지만 텔레비전은 그런 면에 대해 별로 방송하지 않아. 그래서 "사람들이 나를 매파정치인이라 하지만 중국인을 아주 좋아합니다"고 말하는 것이 눈에 띄었어요. 그래서 "아, 사실은 이 사람도 좋은 사람이구나" 하고 생각했는데, 새까맣게 속은 거지 뭐. (웃음)

이시카와 매스컴은 그처럼 위험한 면이 있지. 그러한 것을 전체적으로 볼 수 있는 눈을 가져야 하네. 그처럼 여러 가지 상황이 있는데, 앞으로 어떻게 하면 좋다고 생각하는가?

미키꼬 할머니의 증언을 듣고, 우리가 일본에서 그 문제를 확대하여 조금이라도 해결하는 방향으로 이끌어 가면 좋겠지만, 사실 우리들의 힘은 너무도 적고, 말해봤자 정부도 들어주지 않아. 그러니까 이렇게 책을 만들어 아는 사람들에게 호소하는 수밖에 없다고 생각해요.

일동 응.

아야꼬 나는 일본인이 좀더 생명을 소중히 여기는 의식을 갖기 바라며, 그러한 것도 주변 사람들과 이야기를 나누고 싶어요. 요즘 어린이가 친구를 죽이는 사건도 일어나는데, 생명을 소중히 여기는 의식이 없다면 전쟁이나 군대에 대한 저항도 없어질 것이라 생각해요. 지금 일본은 겉보기엔 '평화'롭고 당장 폭탄이 떨어지는 것이 아니므로 오히려 생명의 소중함을 모르는 것 같아요.

도모꼬 중·고등학생의 청소년들은 특히 사회에서 일어나는 일에 민감해야 한다고 생각해요. 예를 들어 '야스쿠니'가 문제가 되었구나 하는 것으로 끝날 것이 아니라, 왜 문제가 되었는지 스스로 생각할 수 있게 되기를 바래요.

리에꼬 나는 중학·고등학교 시절에 그때까지 습득한 것을 전부 그대로 믿고 아무런 문제 의식도 품지 않고 살았어요. 이 세미나에 와서 아무것도 몰랐음을 알게 되었고, 최근에는 심하다 싶을 정도로 사물을 의심하게 되었어요. (웃음) 하지만 학교와 세상과 매스컴에서 일반적으로 말해지는 것에 의문을 품는 것이 중요하다고 생각해요. 사고하는 훈련이 필요하니까.

도모까　　대학에 들어오면 무엇이든 자유로워 본인이 하기 나름이지. 한 가지라도 좋으니까 흥미있는 것을 찾아서 만나고 교제하기를 바라요. 자기가 "왜?"라 생각한 것을 스스로 조사하고, 나중에 마음이 맞는 친구와 존경하는 선생님을 만나게 되기를 바라요. (웃음)

미키꼬　　한 가지라도 학문을 끝까지 파고들면 자신과 사회와의 관계에 대해 자기 나름의 진지한 논리 같은 것이 만들어지겠지요. 그러면 사회에서 일어나는 여러 가지 일에 자기 자신의 논리를 담아 진지하게 마주 볼 수 있게 되므로, 적어도 무관심하지는 않겠지요. 그 논리는 사람마다 제각각 다르겠지만 그러한 것을 대학 안에서 찾아내고 싶어요.

아야꼬　　깊이 파고드는 것도 중요하지만, 애초부터 별로 집중하지도 않고, 그만큼 시간이 있거나 시기도 별로 없다고 생각하므로, 사회에서 일어나는 여러 가지 일들을 "나와는 관계가 없다"고 생각하고 싶어하지요. 그런 걸 생각하면 쓸쓸해져요.

일동　　음.

이시카와　　배운다는 것에 여러 가지 안이 나왔는데, 모두들 '위안부' 문제를 배워서 좋았다고 생각되는 점은 무엇인가?

미키꼬　　나는 여러 사람과 만나서 좋았고 진정으로 그렇게 생각해요. 할머니도 그렇고 〈나눔의 집〉에서 스태프로 일하는 야지마[矢嶋] 씨를 보면서, '아, 이런 일본인도 있구나' 하는 생각을 했어요. 나중에 한국인 젊은이들도…… 나는 여러 사람과 연결되어 있고, 연결될 수 있음을 실감했어요.

우리 모두 고등학교 때 한국어를 배웠어요. 그것은 왠지 성적이 잘나올 것 같아. (웃음) 좋아했고, 한국인과 편지를 주고받기도 했어요. 편지를 주고받는 정도의 친구라도 그 나라에 대해 이해하고 싶었고, '위안부' 문제도 내 문제로 여기려 했으므로, 그 점에서 좀더 만남이 확대된 것이 정말로 기뻐요.

리에꼬　　그건 알 수 있을 것 같아요. 저는 '첫 해외 나들이'가 한국이었고, 갔을 때 아주 좋은 나라구나, 어떤 사람이든 만나고 싶고 이 사람들이 싫어하지 않았으면 좋겠다고 생각했어요.

나오　　사물에 대한 관심에서 친구와의 만남으로 확대되는 경우가 많지.

아야꼬　　나도 미키코와 마찬가지로 많은 사람과 만날 수 있어서 정말 좋았어요. 또 여성의 문제나 여성의 권리에 눈을 돌리게 된 점은 내게 플러스가 되었지요. 여성이 물건처럼 취급되던 시대가 있었고, 지금까지도 이어지고 있다는 것을 공부하면서, 여성으로 태어나 여성으로 살아갈 수밖에 없는 내가, 가령 일하면서 살아갈 때 자립의 입장에 섰을 때 어떻게 대처해야 할지를 생각할 기회가 많아졌어요. 내 삶이 윤택해지려면 어떻게 하면 좋을지 생각함으로써, 좀더 내 인생이 충실해지게 되었음을 실감하게 되었지요.

도모꼬　　저는 시야가 넓어졌어요. 지적인 호기심이 확대되었구요. 어떤 일이든 '무엇이든 하자' '무엇이든 하자' '끝까지 해답을 찾아보자'고 생각하게 되었어요. 그러면서 스스로 행동하는 힘도 생긴 것 같아요. 그것도 '좋은 인생'을 보내기 위해 필요한 요소라고 느꼈어요.

나오　나는 정치에 대해 전혀 관심이 없었는데, 세미나를 하면서 관심이 생겨났고, 무관심하게 있어서는 안 된다는 것을 깨달았어요. 또 '위안부' 문제 하나를 배우는 데에도 여러 사람과 만날 수 있고, 동시대 사람들이 내가 모르는 것을 알고 있거나, 아주 탄복할 만한 의견을 내놓는 것을 들으면서 나 스스로 많은 자극을 받았다고 생각해요. 그것이 가장 좋았어요. 나와 다르게 생각하는 사람도 있고, 똑같이 생각하는 사람도 있다. 여러 가지 생각이 있다는 것도 알게 되었어요…….

도모꼬　유연성이 생겼을지도 모르지. 저와 같은 상황을 경험한 사람과 함께 공부하는 것, 그것에 대해 여러 가지로 논의하는 것으로.

나오　아, 분명히 머리가 유연해진 것같아. 독단적인 내 의견에만 얽매이지 않고 남의 의견도 잘 들을 줄 알고 생각하게 되었어요.

리에꼬　나도 모두와 마찬가지로 시야가 넓어졌어요. 무엇이건 하자는 생각만으로 끝나지 않고, 스스로 조사하는 버릇이 내 안에서 생겨났어요. 앞으로 더욱 유용하게 쓰일 것으로 생각해요. 또 역사를 공부함으로써 세상의 일들에 대해 나 나름대로 생각할 수 있는 힘 같은 것이 조금 생겼어요. 그런 것을 대학에서 공부할 수 있어서 좋았다고 생각해요.

도모까　모두가 똑같겠지만, 배우는 가운데 타인과 만날 수 있어서 좋았어요. 〈나눔의 집〉에서 만난 사람도, 대학에서 개최한 〈나눔의 집〉 방문 보고회에 와준 사람들도 우리들에게 신선한 의견을 많이 말해 주었고, 그 말을 듣고 내 안에서 새로운 감정·생각이 싹트기 시작했으니까. 그리고 일본과 아시아 관계의 역사를 아는 것으로 아시아 여러 나라 사람들, 여러 문화를 갖고 있는 사람들과 좀더 깊이 이해할 수 있게 되었다고요. 그러한 면에서 앞으로 내 인생에 플러스가 되었다는 생각이 들어요. 물론 올해 배우는 것뿐만 아니라 앞으로 끊임없이 공부해야 한다고 생각합니다.

맺음말

이 책은 주로 2005년도 우리 세미나 7명의 '출판 프로젝트 팀'이 정리한 것이다. 내용은 '위안부' 문제를 어떻게 배우고, 느끼고, 생각할 것인가 하는 학생들의 여정을 소개하고, 그 학생들이 지금 독자 여러분에게 전달하고 싶어하는 '위안부' 문제라는 두 개의 축으로 이루어져 있다. 이 책의 제목도 그 두 가지 의미를 담고 있다.

이 책을 만들 수 있는 원동력이 된 것은 "뭔가 하고 싶다/하지 않으면 안 된다"고 하는 학생들 스스로의 의욕이었다. "나눔의 집 방문을 자기 정화의 수단으로 그쳐서는 안 된다" "할머니의 바람과 기대에 보답하고 싶다"는 생각. 한국을 방문하고 돌아와 쓴 짧은 레포트에 그런 마음이 나타나 있음은 앞에서 소개했었다.

사실 2005년도 세미나 출발 단계에서 나는 이 책을 만드는 일이 별로 내키지 않았다. 애써 만들어 봐야 결국 지난해 《할머니로부터의 숙제》와 비슷한 것밖에 나오지 않을 까 걱정하고 있었다. 그런 우려를 극복하는 데 커다란 역할을 한 것은 학생들의 순수한 열의와 구체적인 아이디어였다.

책 만들기의 가능성을 찾는 회의에서, 먼저 "어려운 역사책이 아니라 고등학생도 읽을 수 있는 책을" 만들자는 목소리가 나왔다. "중학교와 고등학교에서 '위안부' 문제를 가르치지 않는 경우가 많으므로" "그 연령대의 아이들에게 꼭 배우게 해야 한다"는 것이다. 그래서 대학생을 주요 독자층으로 정했던 지난번 책과 다른 종류의 과제가 되었다. "빼곡하게 글자만 가득하면 잘 읽히지 않으므로 그림책같이 만들 수 없을까" "만약 네가 전쟁 전 조선에서 태어났더라면 똑같았겠지" "그거 재미있겠다……." 이 역시 이전 책에는 없었던 아이디어였다. 지혜란 함께 머리를 짜내야 하는 것이며, 젊은 세대의 생각은 가만히 듣기만 해도 좋았다. 그래서 이 책은 머리말의 '못다 핀 인생'의 언저리에서 차츰 모양이 만들어져 갔다.

세미나중에 본격적으로 책 만들기를 결정한 때는 2005년 10월말이다. 매일매일 전력을 기울여 일을 진행했다. "그림책 스토리는 누가 쓰지?" "컬러 페이지를 만들면 값이 비싸질 텐데" "책제목은 어떻게 할까" "너무 '역사책' 같으면 아무도 사지 않는다" "표지는 무엇으로 쓰지" "건강하고 밝은 사진이 좋겠지" "문필기 할머니의 증언을 문장으로 만들지 못했어……." 좌충우돌 작업의 시작이다.

게다가 학생들에게 책 만들기에 몰두할 시간적 여유가 있었을 리 만무했다. 학생들이 깊이 관련된 많은 기획이 첩첩이 쌓여 있었다. 10월 24일은 한국 방문에 대한 세미나 학내보고회가 있었다. 11월 4일은 2년 만에 개최된 알 만한 사람은 모두 알고 있는 세미나 주최 할로윈·가장무도회 날이었고, 12월 20일은 이옥순 할머니를 초빙하여 '할머니 강연회'가 있었다. 그 사이에도 매주 다섯 시간의 세미나가 이어지고 있었다. 이렇게 쓰고 보니 굉장히 벅찬 스케줄이었다. "그 와중에 잘 만들었으니" 감동했다.

'못다 핀 인생"에 대한 아이디어는 좋았지만 쉽사리 구체화하지 못했다. 그것이 그랬다. 아무도 그림책 등을 만들어 본 적이 없고, 더욱이 누구 한 사람 그림에 소질이 있는 학생도 없었기 때문이다. 결국 할머니들의 그림집에서 자신들이 전하고 싶은 이야기에 걸맞는 그림을 선택하여 뽑아내는 방법을 택했다. 쓰여진 문장은 치졸하지만 수작업의 따뜻함이 엿보이는 점이 또 다른 맛이라 자화자찬하고 싶다.

문필기 할머니와 이옥순 할머니의 증언은 모두 두 사람에게 확인한 다음에 쓴 문장이다. 〈나눔의 집〉〈일본군 '위안부' 역사관〉의 스태프인 야지마 츠카사〔矢嶋宰〕 씨에게 중개자로서의 작업을 부탁했다. 문필기 할머니의 증언은 2005년 9월 세미나에서 〈나눔의 집〉을 방문했을 때 이야기를 학생들이 문장으로 새로 쓴 것이 토대가 되었다. 이옥순 할머니의 증언은 2005년 12월 '할머니 강연회'에서의 이야기를 코오베 여학원 대학 여성학 학습회에서 행한 것이 기본이다. 이옥순 할머니의 증언은 직접적으로 학습회의 요체인 《여성학 평론》에 게재를 목적으로 정리한 것인데, 본서에 실을 수 있도록 흔쾌히 허락해 주었다. 책에 옮겨 실을 때 견출지를 붙여 가며 약간 수정해 주었다. 응축해서 이야기한 두 사람의 체험과 노여움, 또한 우리들에 대한 기대를 서로 확실하게 읽어낼 수 있는 문장이다.

학생들의 좌담회는 12월 11일 추운 일요일 대학의 연구실에서 행했다. 특별한 사전준비 없이 1시부터 5시 30분까지 '그 때그때 형편에 맞춰' 이야기를 나누었다. 당일은 신일본 출판사 편집부의 가쿠다 마사키[角田眞己] 씨도 동석했다. 학생들은 눈앞에서 테이프가 돌아가고 있어도 특별히 주저하지 않았다. "약간 긴장됩니다"라고 한 사람은 처음 몇 사람뿐이었다. 도중에 카메라를 비추면 웃는 얼굴을 보여주며 '이거다' 싶은 지점에서는 힘주어 말을 했다. 테이프 작동은 가쿠다 씨에게 부탁했는데, 효고[兵庫]·오사카[大阪]·와가야마[和歌山] 등 간사이[關西] 일대의 사투리를 문자화한 경험이 별로 없을지도 모른다. 좌담회 후 늘 세미나 비용 부담으로 구이집에서 행하는 뒤풀이가 이어졌다. 좌담회에서 학생들이 약간 무례해 보이는 행동을 했을 것이다. 늘 취해 다음날 "도쿄에서 온 손님 앞에서"라며 꾸지람을 들었다.

이상 각 구성 부분을 정리한 다음 발췌하여 이것저것 보충하는 것이 나의 주된 역할이 되었다. 도대체 '위안부' 문제란 무엇인가, 매회 세미나에서 무엇을 어떤 식으로 배웠는가, 어째서 '경제학자'가 '위안부' 문제에 착수하게 되었는가 하는 점이 주된 내용이 되었다.

그런데 이 '맺음말'을 쓰는 와중에 나이 지긋한 한 남성으로부터 저서《할머니로부터의 숙제》에 대한 감상 엽서를 받았다.

신춘의 기쁨을 아룁니다.

신년 인사를 드리면서 당돌하게 편지를 보냅니다.

《할머니로부터의 숙제》를 읽었습니다.

일본 역사의 어둡고 치욕스러운 부분을 정면으로 대한 리
포트는, 이전부터 조금은 알고 있었지만 직접 접하기를 꺼려
왔던 저에게 충격이었습니다.

그러나 동시에 힘도 주었습니다. 이 리포트를 쓴 여러분이
젊은이들이라 이중으로, 삼중으로…….

지금 책에서 소개한 이와나미 신서 《종군위안부》를 읽기
시작했습니다.

다시, 좀더 확실하게 알고 싶다고 생각했습니다.

새로운 해, 젊은 여러분들의 면학과 활약을 기대합니다.

너무도 정중한 글 고맙습니다. 사실 이와 비슷한 감상문과 꽤
긴 문장의 편지를 몇 통 받았다. 보내온 편지의 공통점은 젊은
세대의 노력이 너무도 기쁘게 받아들여졌다는 것이다. 새로 출
간하는 이 책도 같은 역할을, 나아가 커다란 힘이 되어 줄 것으
로 생각한다. 더 바라는 것이 있다면, 이 책에는 좀더 나은 일
본 만들기를 지향하는 전국의 젊은이들이 강한 힘을 발휘해 주
기를 기대한다. 남녀노소를 불문하고 가볍게 감상문을 보내 주
기 바랍니다.

（〒662-8505 西宮市岡田山4-1 神戸女學院大學文學部　石
川康宏ゼミナール yisikawa@mail.kobe-c.ac.jp）

책을 완성하기까지 많은 분들의 도움을 받았다. 세미나 활동
을 지켜보며 힘이 되어 준 대학의 동료, 사무직원 여러분에게
먼저 마음으로 감사드린다. 상세한 '위안부' 문제에 대해 일본
현대사를 전공하시는 우에노 데루마사〔上野輝將〕 선생의 많은

가르침을 받았다. 2005년도 세미나에는 한국어 담당 정영자 선생도 출석하셨고, 오랜 세월의 생활체험을 토대로 한국의 정보를 생생하게 전해 주었다. 〈나눔의 집〉의 야지마〔矢嶋〕 씨는 할머니들의 증언원고 조정 외에, 이번 여행에도 많은 도움을 주었다. 이미 몇 명이 〈나눔의 집〉을 방문했고, 학내 젠더 연구회의 멤버도 세미나 착수를 격려해 준 마음의 동료이다. 2006년도에는 더욱 새로운 방문자가 생겨날 예정이다.

마지막으로 신일본출판사의 가쿠다〔角田〕 씨는 책의 구성부터 세세한 문장 표현까지 참으로 많은 도움을 주셨다. 바쁜 가운데 즐겁게 책을 만들었다. 세미나 학생들과 함께 마음으로 감사드리고 싶다.

2006년 1월

이시카와 야스히로〔石川康宏〕

이시카와 야스히로〔石川康宏〕
1957년 홋카이도 출생
코오베〔神戶〕 여학원 대학교수(경제학, 경제이론)
교토대학 대학원 경제학 연구과 박사 후기과정 단위 취득 퇴학
주요 저서: 《현대를 탐구하는 경제학》(신일본출판사, 2004년)
《군사대국화와 〈구조개혁〉》(공저, 學習の友社, 2004년)
《할머니로부터의 숙제》(공편저, 多弓舍, 2005년)
《젠다와 사적유물론》(공저, 學習の友舍, 2005년)

이시카와 세미나 출판 프로젝트
오오니시 도모꼬〔大西知子〕, 오오니시 나오〔大西奈緒〕,
가와모토 리에꼬〔川元理惠子〕, 사카시타 미키꼬〔坂下美季子〕,
니시무라 아야꼬〔西村文子〕, 하마노 도모까〔濱野智加〕

박해순〔朴海順〕
한국민속극연구소 연구실장. 번역가
역서: 《성과 미디어》《뇌내혁명 2》
《춤추는 무당과 춤추지 않는 무당》《공자의 식탁》 등

현대신서
206

일본군 '위안부' 문제

초판발행 : 2008년 1월 20일

東文選
제10-64호, 78. 12. 16 등록
110-300 서울 종로구 관훈동 74번지
전화 : 737-2795

편집설계 : 李姃旻

ISBN 978-89-8038-624-6 04300

【東文選 現代新書】

1 21세기를 위한 새로운 엘리트	FORESEEN 연구소 / 김경현	7,000원
2 의지, 의무, 자유 ― 주제별 논술	L. 밀러 / 이대희	6,000원
3 사유의 패배	A. 핑켈크로트 / 주태환	7,000원
4 문학이론	J. 컬러 / 이은경·임옥희	7,000원
5 불교란 무엇인가	D. 키언 / 고길환	6,000원
6 유대교란 무엇인가	N. 솔로몬 / 최창모	6,000원
7 20세기 프랑스철학	E. 매슈스 / 김종갑	10,000원
8 강의에 대한 강의	P. 부르디외 / 현택수	6,000원
9 텔레비전에 대하여	P. 부르디외 / 현택수	10,000원
10 고고학이란 무엇인가	P. 반 / 박범수	8,000원
11 우리는 무엇을 아는가	T. 나겔 / 오영미	5,000원
12 에쁘롱 ― 니체의 문체들	J. 데리다 / 김다은	7,000원
13 히스테리 사례분석	S. 프로이트 / 태혜숙	7,000원
14 사랑의 지혜	A. 핑켈크로트 / 권유현	6,000원
15 일반미학	R. 카이유와 / 이경자	6,000원
16 본다는 것의 의미	J. 버거 / 박범수	10,000원
17 일본영화사	M. 테시에 / 최은미	7,000원
18 청소년을 위한 철학교실	A. 자카르 / 장혜영	7,000원
19 미술사학 입문	M. 포인턴 / 박범수	8,000원
20 클래식	M. 비어드·J. 헨더슨 / 박범수	6,000원
21 정치란 무엇인가	K. 미노그 / 이정철	6,000원
22 이미지의 폭력	O. 몽젱 / 이은민	8,000원
23 청소년을 위한 경제학교실	J. C. 드루엥 / 조은미	6,000원
24 순진함의 유혹 〔메디시스賞 수상작〕	P. 브뤼크네르 / 김웅권	9,000원
25 청소년을 위한 이야기 경제학	A. 푸르상 / 이은민	8,000원
26 부르디외 사회학 입문	P. 보네위츠 / 문경자	7,000원
27 돈은 하늘에서 떨어지지 않는다	K. 아른트 / 유영미	6,000원
28 상상력의 세계사	R. 보이아 / 김웅권	9,000원
29 지식을 교환하는 새로운 기술	A. 벵토릴라 外 / 김혜경	6,000원
30 니체 읽기	R. 비어즈워스 / 김웅권	6,000원
31 노동, 교환, 기술 ― 주제별 논술	B. 데코사 / 신은영	6,000원
32 미국만들기	R. 로티 / 임옥희	10,000원
33 연극의 이해	A. 쿠프리 / 장혜영	8,000원
34 라틴문학의 이해	J. 가야르 / 김교신	8,000원
35 여성적 가치의 선택	FORESEEN연구소 / 문신원	7,000원
36 동양과 서양 사이	L. 이리가라이 / 이은민	7,000원
37 영화와 문학	R. 리처드슨 / 이형식	8,000원
38 분류하기의 유혹 ― 생각하기와 조직하기	G. 비뇨 / 임기대	7,000원
39 사실주의 문학의 이해	G. 라루 / 조성애	8,000원
40 윤리학 ― 악에 대한 의식에 관하여	A. 바디우 / 이종영	7,000원
41 흙과 재 〔소설〕	A. 라히미 / 김주경	6,000원

42 진보의 미래	D. 르쿠르 / 김영선	6,000원
43 중세에 살기	J. 르 고프 外 / 최애리	8,000원
44 쾌락의 황포·상	J. C. 기유보 / 김웅권	10,000원
45 쾌락의 황포·하	J. C. 기유보 / 김웅권	10,000원
46 운디네와 지식의 불	B. 데스파냐 / 김웅권	8,000원
47 이성의 한가운데에서 — 이성과 신앙	A. 퀴노 / 최은영	6,000원
48 도덕적 명령	FORESEEN 연구소 / 우강택	6,000원
49 망각의 형태	M. 오제 / 김수경	6,000원
50 느리게 산다는 것의 의미·1	P. 쌍소 / 김주경	7,000원
51 나만의 자유를 찾아서	C. 토마스 / 문신원	6,000원
52 음악의 예지를 찾아서	M. 존스 / 송인영	10,000원
53 나의 철학 유언	J. 기통 / 권유현	8,000원
54 타르튀프 / 서민귀족 〔희곡〕	몰리에르 / 덕성여대극예술비교연구회	8,000원
55 판타지 공장	A. 플라워즈 / 박범수	10,000원
56 홍수·상 〔완역판〕	J. M. G. 르 클레지오 / 신미경	8,000원
57 홍수·하 〔완역판〕	J. M. G. 르 클레지오 / 신미경	8,000원
58 일신교 — 성경과 철학자들	E. 오르티그 / 전광호	6,000원
59 프랑스 시의 이해	A. 바이양 / 김다은·이혜지	8,000원
60 종교철학	J. P. 힉 / 김희수	10,000원
61 고요함의 폭력	V. 포레스테 / 박은영	8,000원
62 고대 그리스의 시민	C. 모세 / 김덕희	7,000원
63 미학개론 — 예술철학입문	A. 셰퍼드 / 유호전	10,000원
64 논증 — 담화에서 사고까지	G. 비뇨 / 임기대	6,000원
65 역사 — 성찰된 시간	F. 도스 / 김미겸	7,000원
66 비교문학개요	F. 클로동·K. 아다-보트랑 / 김정란	8,000원
67 남성지배	P. 부르디외 / 김용숙	개정판 10,000원
68 호모사피언스에서 인터렉티브인간으로	FORESEEN 연구소 / 공나리	8,000원
69 상투어 — 언어·담론·사회	R. 아모시·A. H. 피에로 / 조성애	9,000원
70 우주론이란 무엇인가	P. 코올즈 / 송형석	8,000원
71 푸코 읽기	P. 빌루에 / 나길래	8,000원
72 문학논술	J. 파프·D. 로쉬 / 권종분	8,000원
73 한국전통예술개론	沈雨晟	10,000원
74 시학 — 문학 형식 일반론 입문	D. 퐁텐 / 이용주	8,000원
75 진리의 길	A. 보다르 / 김승철·최정아	9,000원
76 동물성 — 인간의 위상에 관하여	D. 르스텔 / 김승철	6,000원
77 랑가쥬 이론 서설	L. 옐름슬레우 / 김용숙·김혜련	10,000원
78 잔혹성의 미학	F. 토넬리 / 박형섭	9,000원
79 문학 텍스트의 정신분석	M. J. 벨멩-노엘 / 심재중·최애영	9,000원
80 무관심의 절정	J. 보드리야르 / 이은민	8,000원
81 영원한 황홀	P. 브뤼크네르 / 김웅권	9,000원
82 노동의 종말에 반하여	D. 슈나페르 / 김교신	6,000원
83 프랑스영화사	J. -P. 장콜라 / 김혜련	8,000원

84 조와(弔蛙)	金敎臣 / 노치준 · 민혜숙	8,000원
85 역사적 관점에서 본 시네마	J. -L. 뢰트라 / 곽노경	8,000원
86 욕망에 대하여	M. 슈벨 / 서민원	8,000원
87 산다는 것의 의미 · 1 — 여분의 행복	P. 쌍소 / 김주경	7,000원
88 철학 연습	M. 아롱델-로오 / 최은영	8,000원
89 삶의 기쁨들	D. 노게 / 이은민	6,000원
90 이탈리아영화사	L. 스키파노 / 이주현	8,000원
91 한국문화론	趙興胤	10,000원
92 현대연극미학	M. -A. 샤르보니에 / 홍지화	8,000원
93 느리게 산다는 것의 의미 · 2	P. 쌍소 / 김주경	7,000원
94 진정한 모럴은 모럴을 비웃는다	A. 에슈고엔 / 김웅권	8,000원
95 한국종교문화론	趙興胤	10,000원
96 근원적 열정	L. 이리가라이 / 박정오	9,000원
97 라캉, 주체 개념의 형성	B. 오질비 / 김 석	9,000원
98 미국식 사회 모델	J. 바이스 / 김종명	7,000원
99 소쉬르와 언어과학	P. 가데 / 김용숙 · 임정혜	10,000원
100 철학적 기본 개념	R. 페르버 / 조국현	8,000원
101 맞불	P. 부르디외 / 현택수	10,000원
102 글렌 굴드, 피아노 솔로	M. 슈나이더 / 이창실	7,000원
103 문학비평에서의 실험	C. S. 루이스 / 허 종	8,000원
104 코뿔소 [희곡]	E. 이오네스코 / 박형섭	8,000원
105 지각 — 감각에 관하여	R. 바르바라 / 공정아	7,000원
106 철학이란 무엇인가	E. 크레이그 / 최생열	8,000원
107 경제, 거대한 사탄인가?	P. -N. 지로 / 김교신	7,000원
108 딸에게 들려 주는 작은 철학	R. 시몬 셰퍼 / 안상원	7,000원
109 도덕에 관한 에세이	C. 로슈 · J. -J. 바레르 / 고수현	6,000원
110 프랑스 고전비극	B. 클레망 / 송민숙	8,000원
111 고전수사학	G. 위딩 / 박성철	10,000원
112 유토피아	T. 파코 / 조성애	7,000원
113 쥐비알	A. 자르댕 / 김남주	7,000원
114 증오의 모호한 대상	J. 아순 / 김승철	8,000원
115 개인 — 주체철학에 대한 고찰	A. 르노 / 장정아	7,000원
116 이슬람이란 무엇인가	M. 루스벤 / 최생열	8,000원
117 테러리즘의 정신	J. 보드리야르 / 배영달	8,000원
118 역사란 무엇인가	존 H. 아널드 / 최생열	8,000원
119 느리게 산다는 것의 의미 · 3	P. 쌍소 / 김주경	7,000원
120 문학과 정치 사상	P. 페티티에 / 이종민	8,000원
121 가장 아름다운 하나님 이야기	A. 보테르 外 / 주태환	8,000원
122 시민 교육	P. 카니베즈 / 박주원	9,000원
123 스페인영화사	J- C. 스갱 / 정동섭	8,000원
124 인터넷상에서 — 행동하는 지성	H. L. 드레퓌스 / 정혜욱	9,000원
125 내 몸의 신비 — 세상에서 가장 큰 기적	A. 지오르당 / 이규식	7,000원

126 세 가지 생태학	F. 가타리 / 윤수종	8,000원
127 모리스 블랑쇼에 대하여	E. 레비나스 / 박규현	9,000원
128 위뷔 왕 [희곡]	A. 자리 / 박형섭	8,000원
129 번영의 비참	P. 브뤼크네르 / 이창실	8,000원
130 무사도란 무엇인가	新渡戸稻造 / 沈雨晟	7,000원
131 꿈과 공포의 미로 [소설]	A. 라히미 / 김주경	8,000원
132 문학은 무슨 소용이 있는가?	D. 살나브 / 김교신	7,000원
133 종교에 대하여—행동하는 지성	존 D. 카푸토 / 최생열	9,000원
134 노동사회학	M. 스트루방 / 박주원	8,000원
135 맞불·2	P. 부르디외 / 김교신	10,000원
136 믿음에 대하여—행동하는 지성	S. 지제크 / 최생열	9,000원
137 법, 정의, 국가	A. 기그 / 민혜숙	8,000원
138 인식, 상상력, 예술	E. 아카마츄 / 최돈호	근간
139 위기의 대학	ARESER / 김교신	10,000원
140 카오스모제	F. 가타리 / 윤수종	10,000원
141 코란이란 무엇인가	M. 쿡 / 이강훈	9,000원
142 신학이란 무엇인가	D. 포드 / 강혜원·노치준	9,000원
143 누보 로망, 누보 시네마	C. 뮈르시아 / 이창실	8,000원
144 지능이란 무엇인가	I. J. 디어리 / 송형석	10,000원
145 죽음—유한성에 관하여	F. 다스튀르 / 나길래	8,000원
146 철학에 입문하기	Y. 카탱 / 박선주	8,000원
147 지옥의 힘	J. 보드리야르 / 배영달	8,000원
148 철학 기초 강의	F. 로피 / 공나리	8,000원
149 시네마토그래프에 대한 단상	R. 브레송 / 오일환·김경온	9,000원
150 성서란 무엇인가	J. 리치스 / 최생열	10,000원
151 프랑스 문학사회학	신미경	8,000원
152 잡사와 문학	F. 에브라르 / 최정아	10,000원
153 세계의 폭력	J. 보드리야르·E. 모랭 / 배영달	9,000원
154 잠수복과 나비	J. -D. 보비 / 양영란	6,000원
155 고전 할리우드 영화	J. 나카시 / 최은영	10,000원
156 마지막 말, 마지막 미소	B. 드 카스텔바자크 / 김승철·장정아	근간
157 몸의 시학	J. 피죠 / 김선미	10,000원
158 철학의 기원에 관하여	C. 콜로베르 / 김정란	8,000원
159 지혜에 대한 숙고	J. -M. 베스니에르 / 곽노경	8,000원
160 자연주의 미학과 시학	조성애	10,000원
161 소설 분석—현대적 방법론과 기법	B. 발레트 / 조성애	10,000원
162 사회학이란 무엇인가	S. 브루스 / 김경안	10,000원
163 인도철학입문	S. 헤밀턴 / 고길환	10,000원
164 심리학이란 무엇인가	G. 버틀러·F. 맥마누스 / 이재현	10,000원
165 발자크 비평	J. 글레즈 / 이정민	10,000원
166 결별을 위하여	G. 마츠네프 / 권은희·최은희	10,000원
167 인류학이란 무엇인가	J. 모나한·P. 저스트 / 김경안	10,000원

168 세계화의 불안　　　　　　　Z. 라이디 / 김종명　　　　　　8,000원
169 음악이란 무엇인가　　　　　N. 쿡 / 장호연　　　　　　　10,000원
170 사랑과 우연의 장난 〔희곡〕　마리보 / 박형섭　　　　　　10,000원
171 사진의 이해　　　　　　　　G. 보레 / 박은영　　　　　　10,000원
172 현대인의 사랑과 성　　　　　현택수　　　　　　　　　　 9,000원
173 성해방은 진행중인가?　　　　M. 이아퀴브 / 권은희　　　10,000원
174 교육은 자기 교육이다　　　　H. -G. 가다머 / 손승남　　10,000원
175 밤 끝으로의 여행　　　　　　L. -F. 쎌린느 / 이형식　　　19,000원
176 프랑스 지성인들의 '12월'　　 J. 뒤발 外 / 김영모　　　　10,000원
177 환대에 대하여　　　　　　　J. 데리다 / 남수인　　　　　13,000원
178 언어철학　　　　　　　　　J. P. 레스베베르 / 이경래　10,000원
179 푸코와 광기　　　　　　　　F. 그로 / 김웅권　　　　　　10,000원
180 사물들과 철학하기　　　　　R. -P. 드루아 / 박선주　　　10,000원
181 청소년이 알아야 할 사회경제학자들　　J. -C. 드루앵 / 김종명　8,000원
182 서양의 유혹　　　　　　　　A. 말로 / 김웅권　　　　　　10,000원
183 중세의 예술과 사회　　　　　G. 뒤비 / 김웅권　　　　　　10,000원
184 새로운 충견들　　　　　　　S. 알리미 / 김영모　　　　　10,000원
185 초현실주의　　　　　　　　G. 세바 / 최정아　　　　　　10,000원
186 프로이트 읽기　　　　　　　P. 랜드맨 / 민혜숙　　　　　10,000원
187 예술 작품―작품 존재론 시론　M. 아르 / 공정아　　　　　10,000원
188 평화―국가의 이성과 지혜　　M. 카스티요 / 장정아　　　10,000원
189 히로시마 내 사랑　　　　　　M. 뒤라스 / 이용주　　　　10,000원
190 연극 텍스트의 분석　　　　　M. 프뤼네르 / 김덕희　　　10,000원
191 청소년을 위한 철학길잡이　　A. 콩트-스퐁빌 / 공정아　10,000원
192 행복―기쁨에 관한 소고　　　R. 미스라이 / 김영선　　　10,000원
193 조사와 방법론―면접법　　　A. 블랑셰·A. 고트만 / 최정아　10,000원
194 하늘에 관하여―잃어버린 공간, 되찾은 시간　　M. 카세 / 박선주　10,000원
195 청소년이 알아야 할 세계화　 J. -P. 폴레 / 김종명　　　 9,000원
196 약물이란 무엇인가　　　　　L. 아이버슨 / 김정숙　　　10,000원
197 폭력―'폭력적 인간'에 대하여　R. 다둔 / 최윤주　　　　10,000원
198 암호　　　　　　　　　　　J. 보드리야르 / 배영달　　　10,000원
199 느리게 산다는 것의 의미·4　 P. 쌍소 / 김선미·한상철　 7,000원
200 아이누 민족의 비석　　　　　萱野 茂 / 심우성　　　　　10,000원
201 존재한다는 것의 기쁨　　　　J. 도르메송 / 김은경　　　　근간
202 무신론이란 무엇인가　　　　G. 바기니 / 강혜원　　　　　10,000원
203 전통문화를 찾아서　　　　　심우성　　　　　　　　　　10,000원
204 민족학과 인류학 개론　　　　J. 코팡 / 김영모　　　　　　10,000원
205 오키나와의 역사와 문화　　　外間守善 / 심우성　　　　　10,000원
206 일본군 '위안부' 문제　　　　石川康宏 / 박해순　　　　　 9,000원
300 아이들에게 설명하는 이혼　　P. 루카스·S. 르로이 / 이은민　8,000원
301 아이들에게 들려주는 인도주의　J. 마무 / 이은민　　　　　　근간
302 아이들에게 설명하는 죽음　　E. 위스망 페랭 / 김미정　　8,000원

303 아이들에게 들려주는 선사시대 이야기　　J. 클로드 / 김교신　　　　8,000원
304 아이들에게 들려주는 이슬람 이야기　　T. 벤 젤룬 / 김교신　　　　8,000원
305 아이들에게 설명하는 테러리즘　M. -C. 그로 / 우강택　　　　　8,000원
306 아이들에게 들려주는 철학 이야기　　R. -P 드루아 / 이창실　　　　8,000원

【東文選 文藝新書】

1 저주받은 詩人들	A. 뻬이르 / 최수철·김종호	개정근간
2 민속문화론서설	沈雨晟	40,000원
3 인형극의 기술	A. 훼도토프 / 沈雨晟	8,000원
4 전위연극론	J. 로스 에반스 / 沈雨晟	12,000원
5 남사당패연구	沈雨晟	19,000원
6 현대영미희곡선(전4권)	N. 코워드 外 / 李辰洙	절판
7 행위예술	L. 골드버그 / 沈雨晟	절판
8 문예미학	蔡 儀 / 姜慶鎬	절판
9 神의 起源	何 新 / 洪 熹	16,000원
10 중국예술정신	徐復觀 / 權德周 外	24,000원
11 中國古代書史	錢存訓 / 金允子	14,000원
12 이미지 — 시각과 미디어	J. 버거 / 편집부	15,000원
13 연극의 역사	P. 하트놀 / 沈雨晟	절판
14 詩 論	朱光潛 / 鄭相泓	22,000원
15 탄트라	A. 무케르지 / 金龜山	16,000원
16 조선민족무용기본	최승희	15,000원
17 몽고문화사	D. 마이달 / 金龜山	8,000원
18 신화 미술 제사	張光直 / 李 徹	절판
19 아시아 무용의 인류학	宮尾慈良 / 沈雨晟	20,000원
20 아시아 민족음악순례	藤井知昭 / 沈雨晟	5,000원
21 華夏美學	李澤厚 / 權 瑚	20,000원
22 道	張立文 / 權 瑚	18,000원
23 朝鮮의 占卜과 豫言	村山智順 / 金禧慶	28,000원
24 원시미술	L. 아담 / 金仁煥	16,000원
25 朝鮮民俗誌	秋葉隆 / 沈雨晟	12,000원
26 타자로서 자기 자신	P. 리쾨르 / 김웅권	29,000원
27 原始佛敎	中村元 / 鄭泰爀	8,000원
28 朝鮮女俗考	李能和 / 金尙憶	24,000원
29 朝鮮解語花史(조선기생사)	李能和 / 李在崑	25,000원
30 조선창극사	鄭魯湜	17,000원
31 동양회화미학	崔炳植	19,000원
32 性과 결혼의 민족학	和田正平 / 沈雨晟	9,000원
33 農漁俗談辭典	宋在璇	12,000원
34 朝鮮의 鬼神	村山智順 / 金禧慶	12,000원
35 道敎와 中國文化	葛兆光 / 沈揆昊	15,000원
36 禪宗과 中國文化	葛兆光 / 鄭相泓·任炳權	8,000원

37 오페라의 역사	L. 오레이 / 류연희	절판
38 인도종교미술	A. 무케르지 / 崔炳植	14,000원
39 힌두교의 그림언어	안넬리제 外 / 全在星	9,000원
40 중국고대사회	許進雄 / 洪 熹	30,000원
41 중국문화개론	李宗桂 / 李宰碩	23,000원
42 龍鳳文化源流	王大有 / 林東錫	25,000원
43 甲骨學通論	王宇信 / 李宰碩	40,000원
44 朝鮮巫俗考	李能和 / 李在崑	20,000원
45 미술과 페미니즘	N. 부루드 外 / 扈承喜	9,000원
46 아프리카미술	P. 윌레뜨 / 崔炳植	절판
47 美의 歷程	李澤厚 / 尹壽榮	28,000원
48 曼茶羅의 神들	立川武藏 / 金龜山	19,000원
49 朝鮮歲時記	洪錫謨 外/李錫浩	30,000원
50 하 상	蘇曉康 外 / 洪 熹	절판
51 武藝圖譜通志 實技解題	正 祖 / 沈雨晟 · 金光錫	15,000원
52 古文字學첫걸음	李學勤 / 河永三	14,000원
53 體育美學	胡小明 / 閔永淑	18,000원
54 아시아 美術의 再發見	崔炳植	9,000원
55 曆과 占의 科學	永田久 / 沈雨晟	14,000원
56 中國小學史	胡奇光 / 李宰碩	20,000원
57 中國甲骨學史	吳浩坤 外 / 梁東淑	35,000원
58 꿈의 철학	劉文英 / 河永三	22,000원
59 女神들의 인도	立川武藏 / 金龜山	19,000원
60 性의 역사	J. L. 플랑드렝 / 편집부	18,000원
61 쉬르섹슈얼리티	W. 챠드윅 / 편집부	10,000원
62 여성속담사전	宋在璇	18,000원
63 박재서희곡선	朴栽緒	10,000원
64 東北民族源流	孫進己 / 林東錫	13,000원
65 朝鮮巫俗의 研究(상 · 하)	赤松智城 · 秋葉隆 / 沈雨晟	28,000원
66 中國文學 속의 孤獨感	斯波六郎 / 尹壽榮	8,000원
67 한국사회주의 연극운동사	李康列	8,000원
68 스포츠인류학	K. 블랑챠드 外 / 박기동 外	12,000원
69 리조복식도감	리팔찬	20,000원
70 娼 婦	A. 꼬르뱅 / 李宗旼	22,000원
71 조선민요연구	高晶玉	30,000원
72 楚文化史	張正明 / 南宗鎭	26,000원
73 시간, 욕망, 그리고 공포	A. 코르뱅 / 변기찬	18,000원
74 本國劍	金光錫	40,000원
75 노트와 반노트	E. 이오네스코 / 박형섭	20,000원
76 朝鮮美術史研究	尹喜淳	7,000원
77 拳法要訣	金光錫	30,000원
78 艸衣選集	艸衣意恂 / 林鍾旭	20,000원

79 漢語音韻學講義	董少文 / 林東錫	10,000원
80 이오네스코 연극미학	C. 위베르 / 박형섭	9,000원
81 중국문자훈고학사전	全廣鎭 편역	23,000원
82 상말속담사전	宋在璇	10,000원
83 書法論叢	沈尹默 / 郭魯鳳	16,000원
84 침실의 문화사	P. 디비 / 편집부	9,000원
85 禮의 精神	柳 肅 / 洪 熹	20,000원
86 조선공예개관	沈雨晟 편역	30,000원
87 性愛의 社會史	J. 솔레 / 李宗旼	18,000원
88 러시아미술사	A. I. 조토프 / 이건수	22,000원
89 中國書藝論文選	郭魯鳳 選譯	25,000원
90 朝鮮美術史	關野貞 / 沈雨晟	30,000원
91 美術版 탄트라	P. 로슨 / 편집부	8,000원
92 군달리니	A. 무케르지 / 편집부	9,000원
93 카마수트라	바짜야나 / 鄭泰爀	18,000원
94 중국언어학총론	J. 노먼 / 全廣鎭	28,000원
95 運氣學說	任應秋 / 李宰碩	15,000원
96 동물속담사전	宋在璇	20,000원
97 자본주의의 아비투스	P. 부르디외 / 최종철	10,000원
98 宗敎學入門	F. 막스 뮐러 / 金龜山	10,000원
99 변 화	P. 바츨라빅크 外 / 박인철	10,000원
100 우리나라 민속놀이	沈雨晟	15,000원
101 歌訣(중국역대명언경구집)	李宰碩 편역	20,000원
102 아니마와 아니무스	A. 융 / 박해순	8,000원
103 나, 너, 우리	L. 이리가라이 / 박정오	12,000원
104 베케트연극론	M. 푸크레 / 박형섭	8,000원
105 포르노그래피	A. 드워킨 / 유혜련	12,000원
106 셀 링	M. 하이데거 / 최상욱	12,000원
107 프랑수아 비용	宋 勉	18,000원
108 중국서예 80제	郭魯鳳 편역	16,000원
109 性과 미디어	W. B. 키 / 박해순	12,000원
110 中國正史朝鮮列國傳(전2권)	金聲九 편역	120,000원
111 질병의 기원	T. 매큐언 / 서 일·박종연	12,000원
112 과학과 젠더	E. F. 켈러 / 민경숙·이현주	10,000원
113 물질문명·경제·자본주의	F. 브로델 / 이문숙 外	절판
114 이탈리아인 태고의 지혜	G. 비코 / 李源斗	8,000원
115 中國武俠史	陳 山 / 姜鳳求	18,000원
116 공포의 권력	J. 크리스테바 / 서민원	23,000원
117 주색잡기속담사전	宋在璇	15,000원
118 죽음 앞에 선 인간(상·하)	P. 아리에스 / 劉仙子	각권 15,000원
119 철학에 대하여	L. 알튀세르 / 서관모·백승욱	12,000원
120 다른 곳	J. 데리다 / 김다은·이혜지	10,000원

247 영화미학 J. 오몽 外 / 이용주 24,000원
248 시 — 형식과 기능 J. L. 주베르 / 김경온 근간
249 우리나라 옹기 宋在璇 40,000원
250 검은 태양 J. 크리스테바 / 김인환 27,000원
251 어떻게 더불어 살 것인가 R. 바르트 / 김웅권 28,000원
252 일반 교양 강좌 E. 코바 / 송대영 23,000원
253 나무의 철학 R. 뒤마 / 송형석 29,000원
254 영화에 대하여 — 에이리언과 영화철학 S. 멀할 / 이영주 18,000원
255 문학에 대하여 — 행동하는 지성 H. 밀러 / 최은주 16,000원
256 미학 연습 — 플라톤에서 에코까지 임우영 外 편역 18,000원
257 조희룡 평전 김영회 外 18,000원
258 역사철학 F. 도스 / 최생열 23,000원
259 철학자들의 동물원 A. L. 브라 쇼파르 / 문신원 22,000원
260 시각의 의미 J. 버거 / 이용은 24,000원
261 들뢰즈 A. 괄란디 / 임기대 13,000원
262 문학과 문화 읽기 김종갑 16,000원
263 과학에 대하여 — 행동하는 지성 B. 리들리 / 이영주 18,000원
264 장 지오노와 서술 이론 송지연 18,000원
265 영화의 목소리 M. 시옹 / 박선주 20,000원
266 사회보장의 발명 J. 동즐로 / 주형일 17,000원
267 이미지와 기호 M. 졸리 / 이선형 22,000원
268 위기의 식물 J. M. 펠트 / 이충건 18,000원
269 중국 소수민족의 원시종교 洪 熹 18,000원
270 영화감독들의 영화 이론 J. 오몽 / 곽동준 22,000원
271 중첩 J. 들뢰즈 · C. 베네 / 허희정 18,000원
272 대담 — 디디에 에리봉과의 자전적 인터뷰 J. 뒤메질 / 송대영 18,000원
273 중립 R. 바르트 / 김웅권 30,000원
274 알퐁스 도데의 문학과 프로방스 문화 이종민 16,000원
275 우리말 釋迦如來行蹟頌 高麗 無寄 / 金月雲 18,000원
276 金剛經講話 金月雲 講述 18,000원
277 자유와 결정론 O. 브르니피에 外 / 최은영 16,000원
278 도리스 레싱: 20세기 여성의 초상 민경숙 24,000원
279 기독교윤리학의 이론과 방법론 김희수 24,000원
280 과학에서 생각하는 주제 100가지 I. 스탕저 外 / 김웅권 21,000원
281 말로와 소설의 상징시학 김웅권 22,000원
282 키에르케고르 C. 르 블랑 / 이창실 14,000원
283 시나리오 쓰기의 이론과 실제 A. 로슈 外 / 이용주 25,000원
284 조선사회경제사 白南雲 / 沈雨晟 30,000원
285 이성과 감각 O. 브르니피에 外 / 이은민 16,000원
286 행복의 단상 C. 앙드레 / 김교신 20,000원
287 삶의 의미 — 행동하는 지성 J. 코팅헴 / 강혜원 16,000원
288 안티고네의 주장 J. 버틀러 / 조현순 14,000원

205 프란츠 카프카의 고독	M. 로베르 / 이창실	18,000원
206 문화 학습 ― 실천적 입문서	J. 자일스 · T. 미들턴 / 장성희	24,000원
207 호모 아카데미쿠스	P. 부르디외 / 임기대	29,000원
208 朝鮮槍棒敎程	金光錫	40,000원
209 자유의 순간	P. M. 코헨 / 최하영	16,000원
210 밀교의 세계	鄭泰爀	16,000원
211 토탈 스크린	J. 보드리야르 / 배영달	19,000원
212 영화와 문학의 서술학	F. 바누아 / 송지연	22,000원
213 텍스트의 즐거움	R. 바르트 / 김희영	15,000원
214 영화의 직업들	B. 라트롱슈 / 김경온 · 오일환	16,000원
215 소설과 신화	이용주	15,000원
216 문화와 계급 ― 부르디외와 한국 사회	홍성민 外	18,000원
217 작은 사건들	R. 바르트 / 김주경	14,000원
218 연극분석입문	J. -P. 링가르 / 박형섭	18,000원
219 푸코	G. 들뢰즈 / 허 경	17,000원
220 우리나라 도자기와 가마터	宋在璇	30,000원
221 보이는 것과 보이지 않는 것	M. 퐁티 / 남수인 · 최의영	30,000원
222 메두사의 웃음/출구	H. 식수 / 박혜영	19,000원
223 담화 속의 논증	R. 아모시 / 장인봉	20,000원
224 포켓의 형태	J. 버거 / 이영주	16,000원
225 이미지심별사전	A. 드 브리스 / 이원두	근간
226 이데올로기	D. 호크스 / 고길환	16,000원
227 영화의 이론	B. 발라즈 / 이형식	20,000원
228 건축과 철학	J. 보드리야르 · J. 누벨 / 배영달	16,000원
229 폴 리쾨르 ― 삶의 의미들	F. 도스 / 이봉지 外	38,000원
230 서양철학사	A. 케니 / 이영주	29,000원
231 근대성과 육체의 정치학	D. 르 브르통 / 홍성민	20,000원
232 허난설헌	金成南	16,000원
233 인터넷 철학	G. 그레이엄 / 이영주	15,000원
234 사회학의 문제들	P. 부르디외 / 신미경	23,000원
235 의학적 추론	A. 시쿠렐 / 서민원	20,000원
236 튜링 ― 인공지능 창시자	J. 라세구 / 임기대	16,000원
237 이성의 역사	F. 샤틀레 / 심세광	16,000원
238 朝鮮演劇史	金在喆	22,000원
239 미학이란 무엇인가	M. 지프네즈 / 김응권	23,000원
240 古文字類編	高 明	40,000원
241 부르디외 사회학 이론	L. 핀토 / 김용숙 · 김은희	20,000원
242 문학은 무슨 생각을 하는가?	P. 마슈레 / 서민원	23,000원
243 행복해지기 위해 무엇을 배워야 하는가?	A. 우지오 外 / 김교신	18,000원
244 영화와 회화: 탈배치	P. 보니체 / 홍지화	18,000원
245 영화 학습 ― 실천적 지표들	F. 바누아 外 / 문신원	16,000원
246 회화 학습 ― 실천적 지표들	F. 기불레 · M. 멩겔 바리오 / 고수현	14,000원

163	朝鮮神事誌	李能和 / 李在崑	근간
164	영국제국주의	S. C. 스미스 / 이태숙 · 김종원	16,000원
165	영화서술학	A. 고드로 · F. 조스트 / 송지연	17,000원
166	美學辭典	사사키 겡이치 / 민주식	22,000원
167	하나이지 않은 성	L. 이리가라이 / 이은민	18,000원
168	中國歷代書論	郭魯鳳 譯註	25,000원
169	요가수트라	鄭泰爀	15,000원
170	비정상인들	M. 푸코 / 박정자	25,000원
171	미친 진실	J. 크리스테바 外 / 서민원	25,000원
172	玉樞經 研究	具重會	19,000원
173	세계의 비참(전3권)	P. 부르디외 外 / 김주경	각권 26,000원
174	수묵의 사상과 역사	崔炳植	근간
175	파스칼적 명상	P. 부르디외 / 김웅권	22,000원
176	지방의 계몽주의	D. 로슈 / 주명철	30,000원
177	이혼의 역사	R. 필립스 / 박범수	25,000원
178	사랑의 단상	R. 바르트 / 김희영	20,000원
179	中國書藝理論體系	熊秉明 / 郭魯鳳	23,000원
180	미술시장과 경영	崔炳植	16,000원
181	카프카 — 소수적인 문학을 위하여	G. 들뢰즈 · F. 가타리 / 이진경	18,000원
182	이미지의 힘 — 영상과 섹슈얼리티	A. 쿤 / 이형식	13,000원
183	공간의 시학	G. 바슐라르 / 곽광수	23,000원
184	랑데부 — 이미지와의 만남	J. 버거 / 임옥희 · 이은경	18,000원
185	푸코와 문학 — 글쓰기의 계보학을 향하여	S. 듀링 / 오경심 · 홍유미	26,000원
186	각색, 연극에서 영화로	A. 엘보 / 이선형	16,000원
187	폭력과 여성들	C. 도펭 外 / 이은민	18,000원
188	하드 바디 — 할리우드 영화에 나타난 남성성	S. 제퍼드 / 이형식	18,000원
189	영화의 환상성	J. -L. 뢰트라 / 김경온 · 오일환	18,000원
190	번역과 제국	D. 로빈슨 / 정혜욱	16,000원
191	그라마톨로지에 대하여	J. 데리다 / 김웅권	35,000원
192	보건 유토피아	R. 브로만 外 / 서민원	20,000원
193	현대의 신화	R. 바르트 / 이화여대기호학연구소	20,000원
194	회화백문백답	湯兆基 / 郭魯鳳	20,000원
195	고서화감정개론	徐邦達 / 郭魯鳳	30,000원
196	상상의 박물관	A. 말로 / 김웅권	26,000원
197	부빈의 일요일	J. 뒤비 / 최생열	22,000원
198	아인슈타인의 최대 실수	D. 골드스미스 / 박범수	16,000원
199	유인원, 사이보그, 그리고 여자	D. 해러웨이 / 민경숙	25,000원
200	공동생활 속의 개인주의	F. 드 생글리 / 최은영	20,000원
201	기식자	M. 세르 / 김웅권	24,000원
202	연극미학 — 플라톤에서 브레히트까지의 텍스트들	J. 셰레 外 / 홍지화	24,000원
203	철학자들의 신	W. 바이셰델 / 최상욱	34,000원
204	고대 세계의 정치	모제스 I. 핀레이 / 최생열	16,000원

121 문학비평방법론	D. 베르제 外 / 민혜숙	12,000원
122 자기의 테크놀로지	M. 푸코 / 이희원	16,000원
123 새로운 학문	G. 비코 / 李源斗	22,000원
124 천재와 광기	P. 브르노 / 김웅권	13,000원
125 중국은사문화	馬 華·陳正宏 / 강경범·천현경	12,000원
126 푸코와 페미니즘	C. 라마자노글루 外 / 최 영 外	16,000원
127 역사주의	P. 해밀턴 / 임옥희	12,000원
128 中國書藝美學	宋 民 / 郭魯鳳	16,000원
129 죽음의 역사	P. 아리에스 / 이종민	18,000원
130 돈속담사전	宋在璇 편	15,000원
131 동양극장과 연극인들	김영무	15,000원
132 生育神과 性巫術	宋兆麟 / 洪 熹	20,000원
133 미학의 핵심	M. M. 이턴 / 유호전	20,000원
134 전사와 농민	J. 뒤비 / 최생열	18,000원
135 여성의 상태	N. 에니크 / 서민원	22,000원
136 중세의 지식인들	J. 르 고프 / 최애리	18,000원
137 구조주의의 역사(전4권)	F. 도스 / 김웅권 外 Ⅰ·Ⅱ·Ⅳ 15,000원 / Ⅲ	18,000원
138 글쓰기의 문제해결전략	L. 플라워 / 원진숙·황정현	20,000원
139 음식속담사전	宋在璇 편	16,000원
140 고전수필개론	權 瑚	16,000원
141 예술의 규칙	P. 부르디외 / 하태환	23,000원
142 "사회를 보호해야 한다"	M. 푸코 / 박정자	20,000원
143 페미니즘사전	L. 터틀 / 호승희·유혜련	26,000원
144 여성심벌사전	B. G. 워커 / 정소영	근간
145 모데르니테 모데르니테	H. 메쇼닉 / 김다은	20,000원
146 눈물의 역사	A. 벵상뷔포 / 이자경	18,000원
147 모더니티입문	H. 르페브르 / 이종민	24,000원
148 재생산	P. 부르디외 / 이상호	23,000원
149 종교철학의 핵심	W. J. 웨인라이트 / 김희수	18,000원
150 기호와 몽상	A. 시몽 / 박형섭	22,000원
151 융분석비평사전	A. 새뮤얼 外 / 민혜숙	16,000원
152 운보 김기창 예술론연구	최병식	14,000원
153 시적 언어의 혁명	J. 크리스테바 / 김인환	20,000원
154 예술의 위기	Y. 미쇼 / 하태환	15,000원
155 프랑스사회사	G. 뒤프 / 박 단	16,000원
156 중국문예심리학사	劉偉林 / 沈揆昊	30,000원
157 무지카 프라티카	M. 캐넌 / 김혜중	25,000원
158 불교산책	鄭泰爀	20,000원
159 인간과 죽음	E. 모랭 / 김명숙	23,000원
160 地中海	F. 브로델 / 李宗旼	근간
161 漢語文字學史	黃德實·陳秉新 / 河永三	24,000원
162 글쓰기와 차이	J. 데리다 / 남수인	28,000원